Gwen White

Perspektive – transparent

Ein Leitfaden für Studium
und Beruf

Otto Maier Verlag Ravensburg

VORWORT

Das Schwierigste an der Perspektive ist, das in Worte zu fassen, was man gezeichnet hat.

Vielleicht erscheinen meine Erklärungen langatmig; aber bei gleichzeitigem Studium der zugehörigen Zeichnungen müßten sie leicht zu verstehen sein. Der in den Erklärungen erwähnte Betrachter ist der Leser; handelt es sich um eine Vorderansicht, so stehe ich hinter ihm, bei einer Seitenansicht neben ihm.

Man stelle sich alles dreidimensional vor und verbinde niemals in Gedanken einen Punkt mit dem anderen oder eine Linie mit einer anderen, sondern man führe einen Punkt zurück oder verlängere eine Linie vorwärts, je nach Bedarf, und entwickle so sein Raumgefühl.

Dieses Buch wendet sich an ernsthaft Lernende. Bei vielen Blättern hat meine Idee des „Durchsichtblattes" Verwendung gefunden, da ich ja die Hilfslinien für die fertigen Zeichnungen nicht wieder verschwinden lassen konnte.

Einfache Klötze lassen sich in Maschinen oder Feenschlösser umzeichnen, Räume kann man in jeder Stilart möblieren, ungebaute Häuser erscheinen in ihrem endgültigen Ausbau, und leere Flächen verwandeln sich in der ausgeführten Zeichnung in exotische Gärten.

Hohe Gebäude, die ihre Schatten auf die umgebenden niedrigeren Häuser werfen, könnten alle interessieren, die sich gerne mit Städteplanung befassen würden; und eine Zeichnung hat vor einem Photo den Vorzug, daß das gezeichnete Objekt in die günstigste Lage gerückt werden kann. Es ist auch eine Befriedigung, zu Hause mit Hilfe eines Fadens festzustellen, daß die draußen angefertigte Skizze tatsächlich stimmt und die Fluchtpunkte richtig gewählt und berücksichtigt worden sind.

Ich hoffe, dem Leser mit diesem Buch soviel Freude zu machen, wie ich Freude bei seiner Herstellung empfunden habe, denn die Perspektive oder, wenn man so will, das Dreidimensionale ist doch aufregend interessant.

ABKÜRZUNGEN

A.F.P.	ansteigender (ascendierender) Fluchtpunkt
A.H.	Augenhöhe
A.M.P.	ansteigender (ascendierender) Meßpunkt
A.P.	Augpunkt
B.E.	Bildebene
B.L.	Bildlinie
D.F.P.	absteigender (descendierender) Fluchtpunkt
D.M.P.	absteigender (descendierender) Meßpunkt
F.P.	Fluchtpunkt
F.P.S.	Fluchtpunkt der Sonnenstrahlen
F.P.SCH.	Fluchtpunkt der Schatten
G.E.	Grundebene
G.L.	Grundlinie
H.	Horizont
H.L.	Horizontlinie
H.S.	Horizontalspur
H.S.S.	Hauptsehstrahl
L.	künstliche Lichtquelle
M.P.	Meßpunkt
O.	Auge
O.2	ein zweites O.
S.	Sonne

Titel der Originalausgabe: Perspective.
A Guide for Artists, Architects and Designers
© Gwen White 1968
Die englische Originalausgabe erschien im
Verlag B.T. Batsford Ltd., London
Alle Rechte der deutschen Ausgabe befinden sich
beim Otto Maier Verlag, Ravensburg
Aus dem Englischen übertragen von
Maximiliane von Meng
Umschlaggestaltung: Manfred Burggraf
Gesamtherstellung: Biberacher Verlagsdruckerei,
Biberach
Printed in Germany 1986

ISBN 3-473-61158-1

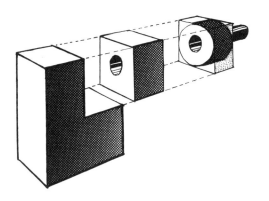

INHALT

PARALLELPERSPEKTIVE   4

Die Grundebene	4
Die Bildebene	5
Die Bildebene und die Grundebene	6
Entfernung des Betrachters von der Bildebene	6
Entfernung der Bildebene vom Gegenstand	7
Der Augpunkt und das Auge	7
Darstellung des Auges durch Punkt O. auf der Bildebene	8
Fluchtpunkte	9
Punkte, welche die Bildebene berühren (Beispiele 1, 2, 3)	9
Punkte jenseits der Bildebene (Beispiele 4, 5, 6, 7)	10
Höhen, die die Bildebene berühren (Beispiele 8, 9)	10
Höhen jenseits der Bildebene (Beispiele 10, 11, 12, 13, 14)	11
Zeichnung eines Tisches mit Stuhl nach Grund-, Seiten- und Aufriß (Beispiel 15)	12
Zeichnung eines Turmes über einem quadratischen Grundriß (Beispiel 16)	13
Ein Bühnenbild (Beispiel 17)	17
Planmäßiges Anlegen eines Gartens (Beispiel 18)	19
Ein ungewöhnliches Dach (Beispiel 19)	21
Kurven (Beispiel 20, 21, 22)	22
Eine Wendeltreppe (Beispiel 23)	23
Spiegelungen im Wasser	25

ECKPERSPEKTIVE   26

Geometrischer Beweis für einen Meßpunkt (Beispiel 31, 32)	29
Zeichnung eines Schreibtisches aus Grund-, Seiten- und Aufriß (Beispiel 33)	30
Bogengänge in vier Konstruktionsstadien (Beispiel 34)	31
Ein Haus (Beispiel 35)	35
Ein Boot (Beispiel 36)	37
Szenenaufbau für einen Film (Beispiel 37)	39
Schraube und Muttern (Beispiel 38)	41
Renntribüne (Beispiel 39)	42

SCHRÄGPERSPEKTIVE   43

Eine ansteigende Ebene (Beispiel 41)	46
Eine absteigende Ebene (Beispiel 42)	46
Ein Quadrat in einer absteigenden Ebene (Beispiel 43)	47
Ein Würfel in einer ansteigenden Ebene (Beispiel 44)	48
Ein Wurfpfeil (Beispiel 45)	49
Perspektivische Zeichnung aus dem Grundriß und weiteren Rissen (Beispiel 46)	51
Der fliegende Löwe (Beispiel 47)	53
Kristallformationen (Beispiel 48, 49)	54

SCHATTEN   55

Die Sonne in der Bildebene	55
Die Sonne steht vor dem Betrachter	56
Die Sonne steht hinter dem Betrachter	57
Schatten auf geneigten Ebenen	58
Teil einer Stadt (Beispiel 50)	59
Ein stehendes Dachfenster (Beispiel 51)	61
Kaminschatten auf einem geneigten Dach (Beispiel 52)	63
Schatten einer geneigten Stange (Beispiel 53)	65
Eine Bogenreihe (Beispiel 54)	66
Schatten auf einer gekrümmten Oberfläche (Beispiel 55)	68
Künstliches Licht	69
Ein einfaches Interieur (Beispiel 56)	69
Durch künstliches Licht erleuchteter Hauseingang (Beispiel 57)	70

DAS STRAHLENBÜSCHEL   71

Geneigte Bildebene (Beispiel 58)	72

SPIEGELUNGEN   73

In Orthogonalprojektion gezeichnete Spiegelung (Beispiel 59)	73
In Eckperspektive gezeichnete Spiegelungen (Beispiel 60)	74
Spiegelung eines gekippten Gegenstandes (Beispiel 61)	75
Spiegelung eines Quadrats in einem geneigten Spiegel (Beispiel 62)	77
Spiegelung einer Pyramide (Beispiel 63)	78
Spiegelung in einem vorwärts geneigten Spiegel (Beispiel 64)	79
Spiegelung in einem rückwärts geneigten Spiegel (Beispiel 65)	80

ZUR BEACHTUNG: Text und Illustrationen dieses Buches sind in Spalten von oben nach unten angeordnet.

PARALLELPERSPEKTIVE

DIE GRUNDEBENE

Man stelle sich vor, daß die kleine Fläche, auf der man steht, Teil einer großen, flachen Ebene ist, die sich, so weit man blicken kann, flach und eben ausdehnt. Diese flache Ebene wird als GRUNDEBENE bezeichnet.

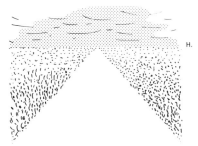

In diese flache Ebene haben wir einen Weg eingezeichnet, einen langen, geraden, sich immer weiter fortsetzenden Weg, der schmäler und schmäler zu werden scheint, bis er dort verschwindet, wo sich Himmel und Erde berühren, d. h. am HORIZONT.

Stünde man auf dem gleichen Fleck wie vorhin, so würde das so aussehen.

Blickt man nun auf den Weg, der denkbar eben, lang und gerade sein möge, und hebt dabei einen Bleistift in Augenhöhe vors Gesicht, so findet man, daß der Bleistift den fernen Horizont genau verdeckt. Man macht also die Entdeckung, daß der Horizont sich in gleicher Höhe befindet wie die Augen des Betrachters, daß er mit seiner AUGENHÖHE zusammenfällt.

Dasselbe würde am Meeresstrand zu beobachten sein. Der ferne Horizont würde genau mit der Augenhöhe des Betrachters zusammenfallen, so daß ein großer Mensch mehr von der Wasserfläche sehen würde als ein kleiner.

Ein kleines Kind würde weniger sehen als ein Erwachsener, hochgehoben würde es aber mehr sehen als er. Am meisten zu sehen wäre hoch oben von einer Klippe.

Die ebene Fläche, die wir als Grundebene bezeichnen, dehnt sich also immer weiter bis zum Horizont aus. In der obigen Illustration ist diese Fläche das Meer.

Aber die Grundebene könnte auch eine Tischplatte sein, wie hier, die sich ebenfalls in einer flachen Ebene befindet und deren Seitenkanten – ähnlich wie die Ränder des Weges – näher zusammenzukommen scheinen.

Obgleich wir wissen, daß die Grundebene ein Stück Boden ist wie hier,

GRUNDEBENE

wollen wir sie so leer lassen wie hier.

DIE BILDEBENE

Man stelle sich vor, zwischen jedem Gegenstand, den man betrachtet, und einem selbst befinde sich eine Glasscheibe in vertikaler Ebene. Es könnte auch ein Fenster sein oder ein großes Blatt Transparentpapier.

Diese imaginäre vertikale Ebene wird BILDEBENE genannt, und was auf dieser Ebene erscheint, ist der Gegenstand, den wir auf unser Papier zeichnen wollen.
Zeichnet man den Horizont in diese Ebene ein, so erhält man die sogenannte HORIZONTLINIE H.L. Die Horizontlinie verdeckt also den fernen Horizont.

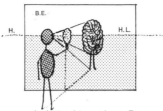

Angenommen, wir betrachten einen Baum durch ein Fenster im Erdgeschoß. Nun strecken wir den Arm aus und zeichnen den Baum mit Kreide auf die Fensterscheibe. Wenn wir das tun, zeichnen wir eigentlich direkt auf der Bildebene. Das Abbild des Baumes auf der Glasscheibe gerät erstaunlich klein, besonders, wenn wir nahe am Fenster stehen.
Beim Zeichnen schließt man am besten ein Auge.

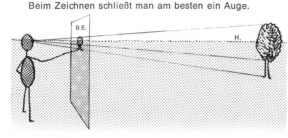

Diese Seitenansicht zeigt den Betrachter mit der Kreide in der Hand, die Glasscheibe, die Entfernung und den Baum. Vom Auge des Betrachters sind gerade Linien zum Baum gezogen. Wo diese durch die Glasscheibe gehen, befindet sich die Zeichnung des Baumes. So klein also erscheint der Baum dem Betrachter.

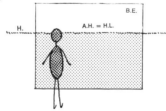

Die Ansicht von hinten, ohne den Baum, würde den Betrachter und die Glasscheibe zeigen —

und dann den Betrachter ohne die Glasscheibe, denn diese imaginäre Ebene hat ja keine Begrenzung. Sie steht nur senkrecht und erstreckt sich aufwärts, seitwärts und sogar abwärts.

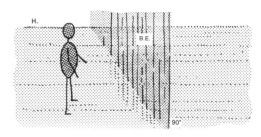

Da diese Ebene vertikal ist, bildet sie einen rechten Winkel mit der Grundebene. Beide zusammen ergeben die obige Seitenansicht

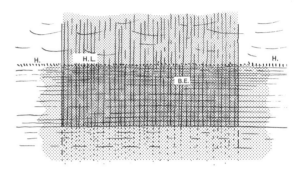

und diese Vorderansicht.

H.L.

BILDEBENE

Wir lassen sie leer, um darauf zeichnen zu können.

DIE BILDEBENE UND DIE GRUNDEBENE

Nachdem wir uns die Grundebene und die Bildebene vergegenwärtigt haben, müssen wir sie auf ein und dieselbe Zeichnung bringen.

Hier ist unsere horizontale Grundebene

und hier die vertikale Bildebene.

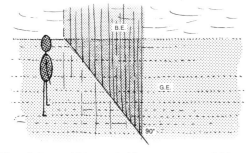

Eine Seitenansicht von beiden zusammen sieht so aus. Man sieht, daß die Grundebene G.E. und die Bildebene B.E. einen rechten Winkel bilden.

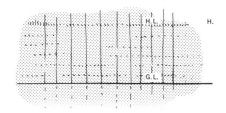

Von vorn betrachtet, sieht die Zeichnung so aus. Die Schnittlinie der beiden Ebenen nennen wir die GRUNDLINIE.

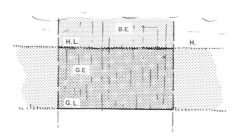

Wir haben nun die Grundebene G.E., die Bildebene B.E., den Horizont H. und die Horizontlinie H.L., d. h. den auf der Bildebene eingezeichneten Horizont, sowie die Grundlinie G.L., in der sich beide Ebenen schneiden.

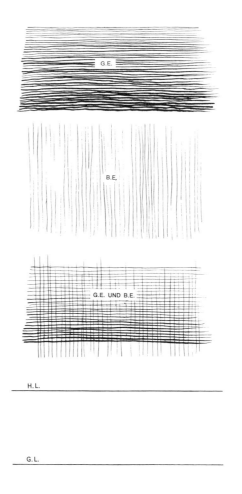

Lassen wir alle Schraffen weg, so haben wir das obige leere Diagramm vor uns.

ENTFERNUNG DES BETRACHTERS VON DER BILDEBENE

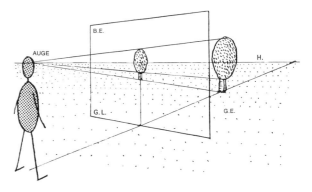

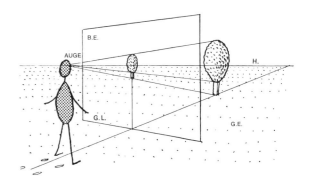

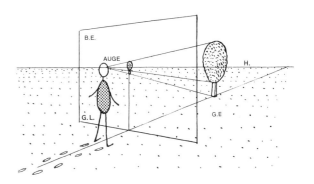

Es ist vielleicht schon aufgefallen, daß bei der Kreidezeichnung auf der Fensterscheibe die Abbildung des Gegenstandes um so kleiner ausfiel, je näher der Betrachter an der Scheibe stand. Die obigen 3 Zeichnungen machen das deutlich, aber es ist viel besser, es selbst durch erneutes Zeichnen auf einer Fensterscheibe zu erproben.

ENTFERNUNG DER BILDEBENE VOM GEGENSTAND

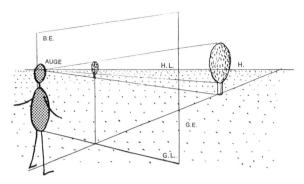

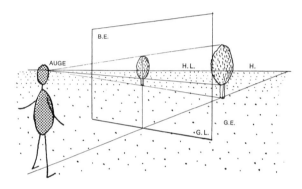

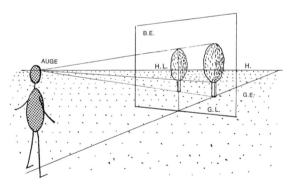

Es hängt auch von der Lage der Bildebene ab, wie groß ein Gegenstand auf ihr erscheint.
Die obigen Zeichnungen zeigen, daß das Bild um so größer wird, je kleiner die Entfernung der Bildebene vom Gegenstand ist. Würde die Bildebene den Gegenstand berühren, so ergäbe sich ein Abbild in natürlicher Größe. Will man also den Maßstab einer Zeichnung festsetzen, so muß man zwei Dinge berücksichtigen: 1. Die Entfernung des Betrachters von der Bildebene und 2. die Entfernung der Bildebene vom Objekt.

DER AUGPUNKT UND DAS AUGE

Der Punkt am Horizont, auf den man blickt, heißt die Blickmitte oder der AUGPUNKT.

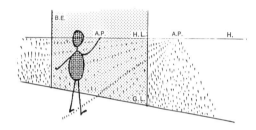

Man kann diesen Punkt in die Bildebene einzeichnen. Er wird auf der Horizontlinie liegen und sich mit dem Augpunkt auf dem tatsächlichen Horizont decken.

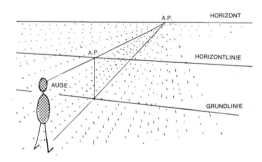

Das ist vielleicht leichter verständlich, wenn man es von einem erhöhten Standpunkt aus aufzeichnet.

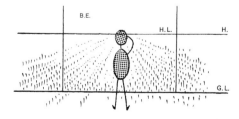

Von vorne gesehen, ergibt sich dieses Bild.

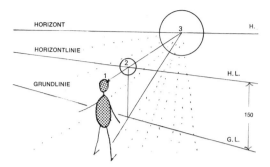

Wir haben nun 3 Punkte:
1. Das Auge
2. Den Augpunkt A.P. auf der Horizontlinie H.L.
3. Den Augpunkt A.P. auf dem Horizont H.

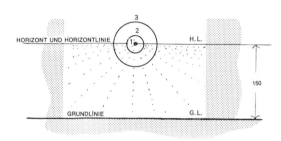

Das Diagramm sieht von vorne so aus und wird ohne die Kreise so aussehen wie unten.

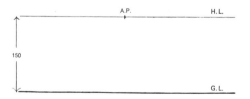

Wir haben also einen eingezeichneten Punkt, der für drei Punkte steht. Da das Diagramm nur die Augenhöhe zeigt, nicht aber die Entfernung des Auges von der Bildebene, müssen wir das irgendwie anders darstellen, und zwar wird das dadurch erreicht, daß man einen besonderen Punkt für das Auge in die Bildebene einzeichnet.

DARSTELLUNG DES AUGES DURCH PUNKT O. AUF DER BILDEBENE

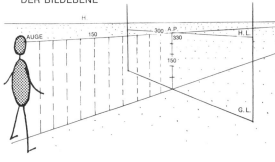

Diese Zeichnung zeigt das Auge des Betrachters in Seitenansicht. Wir nehmen an, daß es sich 150 cm über der Grundebene und 330 cm vor der Bildebene befindet.

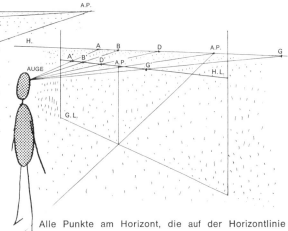

Alle Punkte am Horizont, die auf der Horizontlinie eingezeichnet werden, ergeben am Auge den gleichen Winkel.

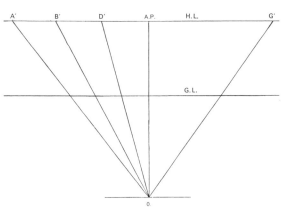

Die Vorderansicht ergibt dieses Bild. Der das Auge darstellende Punkt wird mit O. bezeichnet.

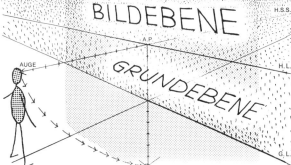

Die vom Auge zum Augpunkt A.P. auf dem Horizont gezogene Linie wird als HAUPTSEHSTRAHL bezeichnet. Er schneidet die Horizontlinie H.L. auf der Bildebene B.E. im Augpunkt A.P.

Genauso wie der Augpunkt A.P. auf der Bildebene B.E. den Augpunkt A.P. auf dem Horizont verdeckte, so werden — vom Betrachter aus gesehen — diese eingezeichneten Punkte die tatsächlichen gleichfalls verdecken.
Wir machen uns deshalb soviel Mühe, Punkt O. auf die Bildebene zu bekommen, weil wir diesen Punkt dazu benutzen wollen, Richtungswinkel mit einem Winkelmesser zu messen.

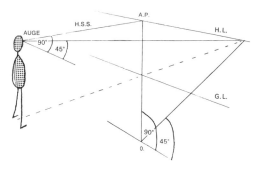

Das Diagramm zeigt die neue Lage von O. mit einem eingetragenen, willkürlich gewählten Winkel von 45°. Die in dieser Seitenansicht gezeichneten Winkel sind jedoch perspektivisch dargestellt und können daher nicht mit dem Winkelmesser nachgemessen werden. Betrachtet man sie jedoch von vorn, so betragen sie tatsächlich 90° bzw. 45°.

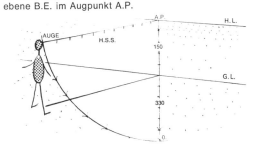

Mit dem Augpunkt A.P. als Mittelpunkt und dem Abstand bis zum Auge des Betrachters als Radius schlagen wir einen Bogen, der von einer Senkrechten aus dem Augpunkt A.P. in der Bildebene geschnitten wird. Dieser neue Punkt O. stellt das Auge dar.

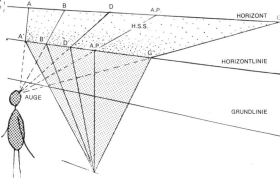

Eine andere Methode, Punkt O. auf die Bildebene zu bekommen, wäre, die Horizontlinie H.L. als Falz zu benutzen und die Linien zu Punkt O. entlang der H.L. umzubiegen. Dann würden die Linien, statt geradewegs auf den Betrachter zuzulaufen, sich auf der Bildebene befinden.
Die Seitenansicht ergibt das obige Bild.

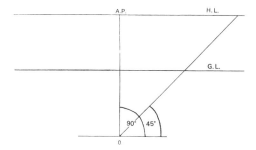

Läßt man alle Strichlinien weg, so erhält man diese Vorderansicht von der Bildebene. Damit haben wir das Grunddiagramm für perspektivische Zeichnungen vor uns.

FLUCHTPUNKTE

Parallele Linien, die vom Betrachter hinweg in die Ferne führen, scheinen einander immer näher zu kommen, bis sie in einem Punkt zusammenlaufen. Das wird in der Wirklichkeit nicht oft beobachtet, außer vielleicht bei langen römischen Straßen oder Eisenbahnlinien. Aber alle kurzen Linien sind Teilstücke von langen imaginären Linien, und auch diese kurzen Linien scheinen einander näher zu kommen, je mehr sie sich vom Betrachter entfernen.

Der Punkt, an dem einander parallele Linien am Horizont zusammenzulaufen scheinen, wird Verschwindungspunkt oder FLUCHTPUNKT genannt.

Alle einander parallelen Linien, die sich vom Betrachter entfernen, haben ihren eigenen Fluchtpunkt auf dem Horizont, und diese Punkte können genauso auf der Bildebene markiert werden, wie das mit dem Augpunkt geschah.

Der Augpunkt A.P. ist in der Tat Fluchtpunkt aller Linien, die sich im rechten Winkel von der Bildebene entfernen.

Oft sind die Fluchtpunkte hinter Gebäuden oder anderen Objekten verborgen, doch lassen sie sich dennoch auffinden und in die Bildebene einzeichnen.

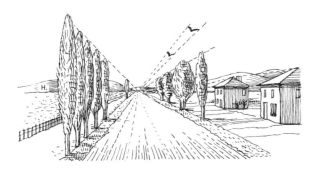

Diese Illustration zeigt eine lange, gerade Straße, deren Ränder in einem Punkt am Horizont zusammenzulaufen scheinen.

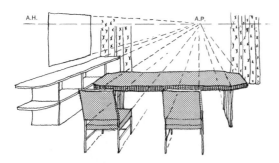

Die kurzen Linien der Gegenstände dieser Inneneinrichtung scheinen in Augenhöhe zusammenzulaufen.

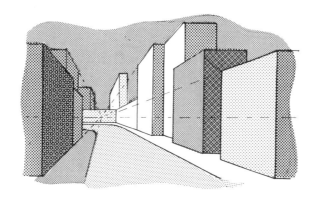

Eine Straße, deren entfernter Fluchtpunkt durch Gebäude verdeckt ist.

PUNKTE, WELCHE DIE BILDEBENE BERÜHREN

Beispiele

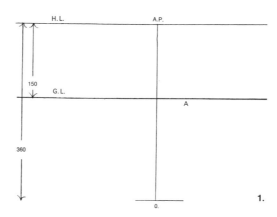

1. Augenhöhe = 150 cm.
Entfernung von der Bildebene B.E. = 360 cm.
Es ist Punkt A zu finden, der die Grundlinie 60 cm rechts vom Betrachter berührt.
Wir zeichnen das Grunddiagramm auf folgende Weise: Zuerst wird mit Hilfe einer Reißschiene die Horizontlinie gezogen, wobei der Abstand von der Unterkante des Zeichenblattes etwas größer als die Entfernung des Betrachters von der Bildebene (maßstäblich gezeichnet!) sein soll. Der Augpunkt wird etwa in die Mitte der Horizontlinie gesetzt. Dann wird die Grundlinie G.L. (maßstäblich) 150 cm unterhalb der Horizontlinie H.L. eingezeichnet. Vom Augpunkt A.P. wird die Entfernung zum Punkt O., in diesem Fall 360 cm, abgetragen.
Punkt A wird gefunden, indem man auf der Grundlinie G.L. 60 cm vom Betrachter nach rechts geht.

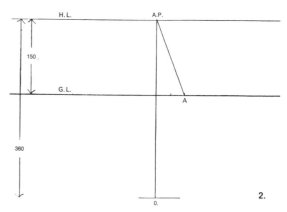

2. Eine Gerade, die von A zum Augpunkt A.P. gezogen wird, stellt eine Linie dar, die sich von einem 60 cm rechts vom Betrachter gelegenen Punkt bis zum Horizont erstreckt.

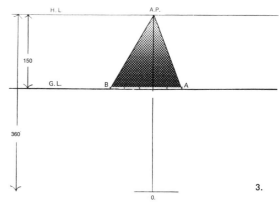

3. Es soll ein Punkt B gefunden werden, der die Grundlinie an einem Punkt berührt, der sich 90 cm links vom Betrachter befindet.
Punkt B wird genauso gefunden wie Punkt A, nur, daß dieses Mal 90 cm längs der Grundlinie nach links abgetragen werden.
Zieht man eine Linie vom Punkt B zum Augpunkt A.P., dann könnte das so entstandene Bild einen geraden Weg von 150 cm Breite darstellen, der am Horizont verschwindet.

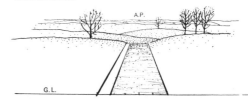

Indem wir den Maßstab verändern, erhalten wir eine abgetragene breite Straße, die einen Teil des Weges eben verläuft und dann nicht mehr sichtbar ist, weil sie jenseits des Hügels abfällt.

PUNKTE JENSEITS DER BILDEBENE

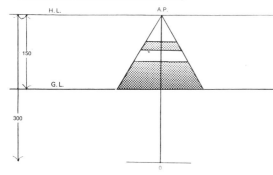

Die beiden Quadrate im obigen Diagramm sind flächenmäßig gleich groß. Das bedeutet, daß wir mit dem Lineal nur Strecken messen können, die sich direkt auf der Bildebene befinden.

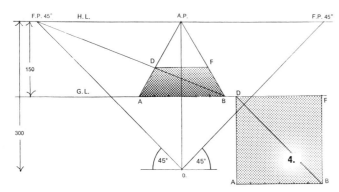

4. Könnten wir Quadrate auf der Grundebene G.E. zeichnen und wäre uns dabei die Länge der die Bildebene B.E. berührenden Kante bekannt, so würden wir damit auch die Länge der vom Betrachter wegführenden Seitenkanten kennen.
Indem wir eine Strecke von 90 cm rechts und links vom Betrachter auf der Grundlinie abtragen, finden wir die Punkte A und B, die wir nach dem Augpunkt A.P. hinführen. Rechts und links vom Punkt O. messen wir Winkel von je 45° ab und verlängern ihre Schenkel bis zur Horizontlinie H.L. Auf diese Weise haben wir die Fluchtpunkte F.P. 45° gefunden, in denen sich alle Linien treffen, die sich im Winkel von 45° von der Bildebene entfernen.
Wenn wir jetzt B nach dem linken Fluchtpunkt F.P. 45° zurückführen, so erhalten wir im Schnittpunkt dieser Linie mit der von A nach dem Augpunkt A.P. verlaufenden Geraden den Punkt D, der die linke hintere Ecke des Quadrats bezeichnet. Wo die Parallele zu AB, die durch D gelegt wird, die Gerade von B nach dem Augpunkt A.P. schneidet, liegt der Punkt F. Damit ist das Quadrat gezeichnet, dessen hintere Kante DF ebenso wie die Seitenkanten AD und BF in der Natur 180 cm lang sind.

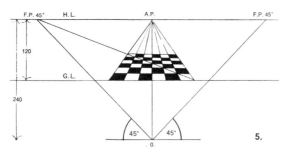

5. Hier wird ein Quadrat von 180 cm Seitenlänge in kleinere, gleich große Quadrate zerlegt. Dazu trägt man gleichmäßige Abstände auf der Grundlinie G.L. ab und führt die so erhaltenen Punkte zum Augpunkt A.P. zurück. An den Schnittpunkten mit der Diagonale werden Parallelen zur Grundlinie G.L. gelegt. Das Ergebnis sind die obigen 36 kleinen Quadrate.

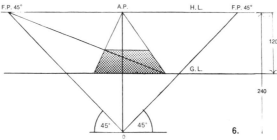

6. Das Quadrat muß sich nicht unbedingt direkt vor dem Betrachter befinden. Hier liegt die nähere Ecke eines Quadrats von 150 cm Seitenlänge in einem Abstand von 60 cm links vom Betrachter.

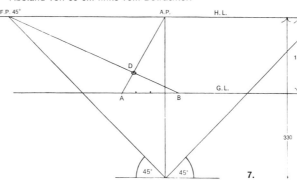

7. Es soll ein Punkt D gefunden werden, der 90 cm links vom Betrachter und 120 cm jenseits der Bildebene B.E. liegt.
Man trägt nun 90 cm nach links auf der Grundlinie G.L. ab, um Punkt A zu finden. Dann führt man A zum Augpunkt A.P. zurück. Danach werden 120 cm von A nach rechts auf der Grundlinie abgetragen und von dem so gefundenen Punkt B eine Gerade zum linken Fluchtpunkt F.P. 45° gezogen. Am Schnittpunkt dieser Linien befindet sich D.

HÖHEN, DIE DIE BILDEBENE BERÜHREN

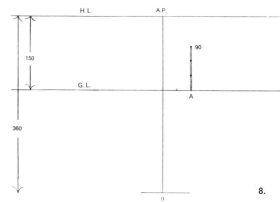

8. Genau wie Strecken auf der Grundlinie G.L. mit dem Lineal abgemessen werden können, lassen sich in der Bildebene B.E. hochgezogene Linien mit dem Lineal abmessen.
Beim Punkt A, der 60 cm rechts vom Betrachter liegt, haben wir eine Höhenmarke von 90 cm. Man mißt die Strecke auf der Bildebene von Punkt A aus ab und erhält so die gewünschte Höhe.

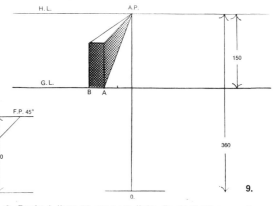

9. Punkt A liegt 60 cm nach links, Punkt B 90 cm nach links, und beide Punkte berühren die Bildebene B.E. an der Grundlinie G.L. Nun errichten wir zwei Vertikale von 90 cm in diesen Punkten und ziehen Linien von ihren Endpunkten zum Augpunkt A.P. Die Zeichnung könnte eine Mauer von 30 cm Dicke darstellen, die sich in der Ferne verliert.

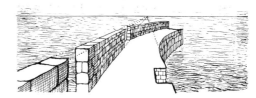

Skizze einer solchen Mauer.

HÖHEN JENSEITS DER BILDEBENE

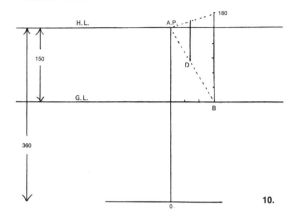

10.

10. Nehmen wir an, wir brauchten eine Höhe von 180 cm am Punkt D, der jenseits der Bildebene liegt. Wir können diese nicht einfach mit dem Lineal abmessen, doch können wir sie perspektivisch richtig einzeichnen, indem wir vom Augpunkt A.P. eine Gerade nach D ziehen und diese in der Grundebene G.E. weiterführen, bis sie die Bildebene B.E. im Punkt B auf der Grundlinie berührt. In Punkt B wird nun die Höhe von 180 cm auf der Bildebene abgetragen. Der Endpunkt dieser hochgezogenen Geraden wird zum Augpunkt A.P. hingeführt. Jede Vertikale zwischen diesen beiden Horizontalen wird in der Natur gleich hoch sein; das gilt also auch für die Vertikale in D, die somit perspektivisch richtig gezeichnet ist.

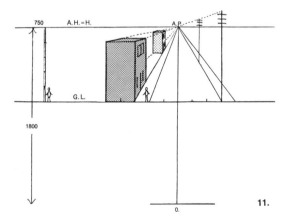

11.

11. Verändern wir nun in Gedanken den Maßstab unserer Zeichnung etwa im Verhältnis 1:5, so können wir mit Hilfe der Einteilung der Grundlinie Pflasterstreifen abmessen und sogar einige Gebäude einzeichnen, um das Diagramm in ein Bild zu verwandeln. Bild 11 wäre dann aus einer Höhe von etwa 7,5 m mit Blick auf das Flachdach des zweistöckigen Hauses gezeichnet.

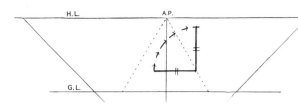

Wo die benötigte Höhe gleich einer gegebenen Länge ist, wie in diesem Diagramm, kann man die Zeichnung ausführen, indem man die Länge im geeigneten Punkt hochkippt (mit dem Zirkel abgreift).

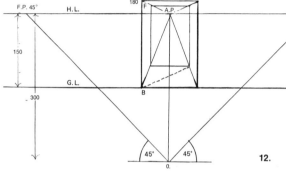

12.

12. Ein durchsichtiger Kasten 120×120×180 cm liegt direkt vor dem Betrachter. Eine Seite des Kastens berührt die Grundlinie G.L. Man zeichne nun den quadratischen Boden und ziehe in Punkt B eine Vertikale von 180 cm hoch. Die Linie von F zum Augpunkt A.P. gibt uns eine Kante, und horizontale Linien, die parallel zur Grundlinie G.L. gezogen werden, ergeben die andere Seite. Vom Grundriß hochgezogene Vertikale vollenden den Kasten.

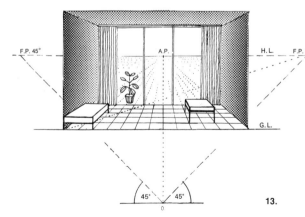

13.

13. Ein perspektivisch gezeichneter Kasten läßt sich leicht in die Zeichnung eines Interieurs verwandeln. Einzelheiten lassen sich einfügen, indem man die entsprechenden Breitenmaße längs der Grundlinie abträgt und die Höhenmaße auf der Bildebene markiert.

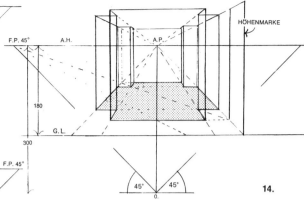

14.

14. Die Augenhöhe beträgt hier 180 cm, die Entfernung von der Bildebene B.E. 300 cm.
Ein Quadrat von 360 cm Seitenlänge befindet sich auf der Grundebene. Aus jeder Ecke desselben ist ein Quadrat von 60 cm Seitenlänge herausgeschnitten. Die dem Betrachter zugekehrte Seite des Quadrats verläuft parallel zur Bildebene B.E., liegt jedoch 60 cm jenseits derselben.

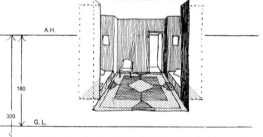

Ein auf der Basis des obigen Diagramms gezeichnetes Interieur.

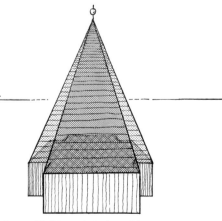

Auch dieser Kirchturm hat das obige Diagramm zur Grundlage.

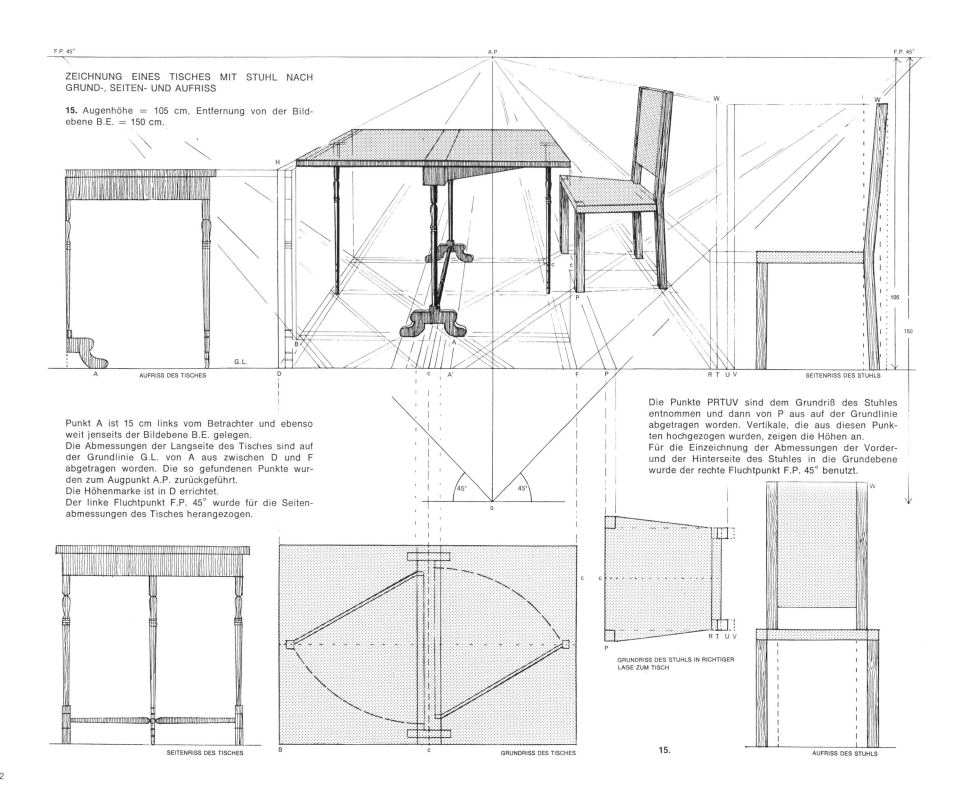

ZEICHNUNG EINES TURMES ÜBER EINEM QUADRATISCHEN GRUNDRISS

16. Bevor man mit einer Zeichnung beginnt, muß man einen Maßstab wählen, der unverändert beibehalten wird. Der Maßstab kann von der Größe des Zeichenblattes abhängen: 1 cm kann jeder Strecke in der Natur entsprechen, die man sich wählt. Obgleich wir uns vorstellen, daß das hier gezeichnete Quadrat eine natürliche Kantenlänge von 180 cm hat, könnte es gerade so gut eine Kantenlänge von 6 cm haben. Die Kantenlänge unseres Quadrates soll gleich der angenommenen Augenhöhe sein.
Wir setzen also: Augenhöhe = 180 cm, Entfernung von der Bildebene B.E. = 300 cm.
Der quadratische Grundriß des Turmes mit einer Kantenlänge von 180 cm liegt auf der Grundebene direkt vor dem Betrachter. Die Seite CD liegt 120 cm jenseits der Bildebene und läuft ihr parallel.
Zuerst zeichnen wir das Grund-Diagramm, d. h. die Horizontlinie H.L., die Grundlinie G.L., den Augpunkt A.P., das Auge O. und die Fluchtpunkte F.P. 45°.
Punkt O. muß möglichst tief auf dem Zeichenblatt liegen, da die Höhenkonstruktion des Turmes Platz oberhalb der Horizontlinie beanspruchen wird.
Nun tragen wir beiderseits des Betrachters 90 cm auf der Grundlinie ab und finden so die Punkte A und B, die wir zum Augpunkt A.P. zurückführen.
Von A ausgehend tragen wir nun 120 cm nach rechts auf der Grundlinie ab und ziehen aus dem so gewonnenen Punkt E eine Gerade zum linken Fluchtpunkt F.P. 45°. Diese Linie schneidet die Linie von A nach A.P. im Punkt C.

Nun ziehen wir mit Hilfe einer Reißschiene durch C eine Parallele zur Grundlinie G.L., die die Linie von B nach A.P. im Punkt D schneidet.
Die Gerade von D zum linken Fluchtpunkt F.P. 45° schneidet die Linie von A nach A.P. im Punkt F.
Eine durch F gelegte Parallele zur Grundlinie G.L. gibt uns den Punkt G auf der Linie von B zum Augpunkt A.P.
Somit haben wir mit den Punkten CDGF den Grundriß des zu konstruierenden Turmes aufgezeichnet. Das Innenquadrat zeichnen wir mit Hilfe der Diagonalen.

ZUR BEACHTUNG: Um ein unübersichtliches Gewirr von Linien zu vermeiden, sind einige Blätter dieses Buches so gezeichnet, daß die perspektivischen Konstruktionslinien sich auf der einen Seite befinden, während die fertige Zeichnung auf der Rückseite des Blattes ausgeführt ist. Hält man das Blatt gegen das Licht, so sieht man, daß sich die beiden Zeichnungen decken.

In der Folge sind solche Blätter durch die Bezeichnung „Durchsichtblatt" gekennzeichnet.

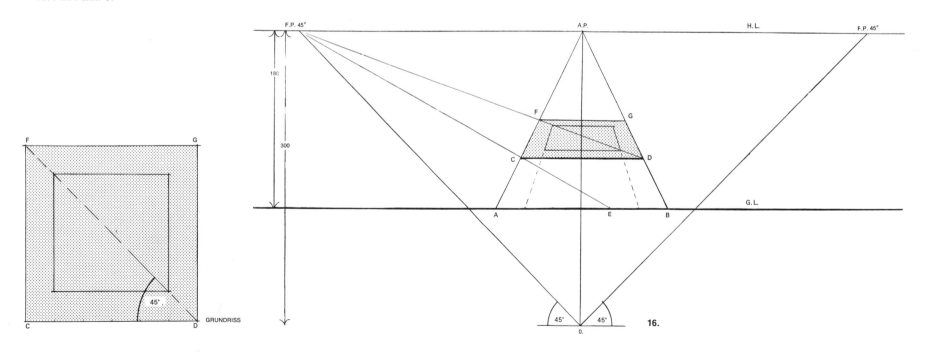

Durchsichtblatt

Der zweite Schritt bei der Zeichnung des Turmes besteht im Errichten der Höhenmaße.
Da dieses Blatt ein „Durchsichtblatt" ist, können wir den soeben gezeichneten Grundriß hindurchschimmern sehen. Sie selbst fahren natürlich mit Ihrer begonnenen Zeichnung auf Ihrem Zeichenblatt weiter fort, d. h. Sie zeichnen nun die Höhen perspektivisch richtig über dem Grundriß ein.

Die tatsächlichen Höhen werden auf der Bildebene abgemessen. Mit Hilfe einer Reißschiene und eines Zeichendreiecks (Winkels) ziehen wir aus Punkt A eine Vertikale von 270 cm hoch (maßstäblich!). Diese Höhe wird auf dem Diagramm durch Punkt H markiert.
Dann ziehen wir eine Linie von H zum Augpunkt A.P. Eine aus Punkt C hochgezogene Vertikale schneidet diese Linie in J.
Nun ziehen wir durch J eine Parallele zur Grundlinie G.L., welche die in Punkt D errichtete Vertikale in Punkt K schneidet.
Gerade aus J und K werden dann zum Augpunkt A.P. gezogen. Die aus Punkt F hochgezogene Senkrechte schneidet die Linie von J nach A.P. im Punkt N.
Die in G errichtete Vertikale schneidet die Gerade von K nach A.P. im Punkt M.
JKMN sind die Punkte, mit denen wir das erste Stockwerk des Turmes gezeichnet haben.
Das innere Quadrat wird gezeichnet, indem wir Linien von der Grundebene G.E. hochziehen und die Diagonale nach dem Fluchtpunkt F.P. 45° benutzen.
Auf diesem inneren Quadrat werden nun zur weiteren Erhöhung des Turmes Senkrechte von 120 cm errichtet. Die punktierten Linien machen die Konstruktion deutlich. Die ursprünglich als Höhenmaß dienende Senkrechte aus Punkt A wird weiterverwendet und um 120 cm verlängert. Eine Linie von ihrem oberen Endpunkt nach dem Augpunkt A.P. gibt uns die Punkte Q und P.
Den Punkt R erhalten wir durch die Diagonale von Q nach dem linken Fluchtpunkt F.P. 45°.

Durchsichtblatt

Der untenstehende Plan zeigt den quadratischen Grundriß mit eingezeichnetem gleichseitigem Achteck. Dazu wurden im Mittelpunkt Winkel von 45° abgemessen, da 360° durch 8 dividiert 45° ergibt.
Die eine Seite des Quadrats zwischen T und U wurde durch die gestrichelten Linien, die von den Ecken des Oktogons ausgehen, in gleich große Strecken aufgeteilt.

Um das Achteck perspektivisch richtig zu zeichnen und ein Gewirr von Linien zu vermeiden, wurde eine zweite „Grundlinie" in einer Höhe von 390 cm eingezeichnet.
Da diese Linie die Bildebene berührt, kann man auf ihr Messungen direkt vornehmen. Die vom Betrachter weglaufenden Seiten des Quadrats werden nun verlängert, bis sie die neue „Grundlinie" berühren, und die dem Grundriß zwischen T und U entnommenen Maße werden darauf abgetragen.
Von den sich ergebenden Punkten werden Linien zum Augpunkt A.P. gezogen.
Die punktierte Diagonale zeigt, wo der Grundlinie parallele Linien hindurchgezogen werden.
Vier Seiten des Achtecks lassen sich zu den zugehörigen Fluchtpunkten F.P. 45° verlängern.
Man kann das Diagramm auch auf den Kopf stellen und es so betrachten.

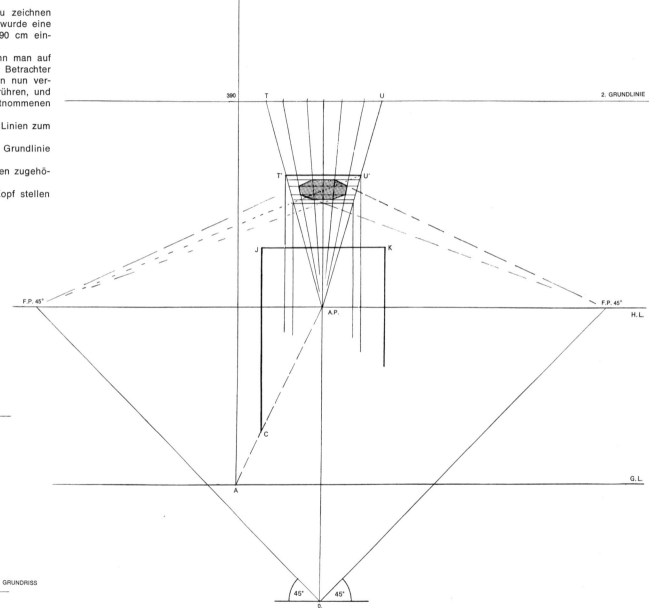

Durchsichtblatt

DER FERTIGE TURM

Allmählich verschwindet das Gefühl, daß man hinter der Bildebene eingesperrt ist, und man entdeckt, daß man auf einer Grundebene skizziert oder entwirft, die sich in der Ferne verliert. Die dritte Dimension wird in höchst zufriedenstellender Weise auf das flache Blatt Papier gebannt.

Oft kann man ohne Punkt O. auskommen, wenn man nur selbst so weit entfernt ist, daß ein Quadrat im Vordergrund auch tatsächlich quadratisch wirkt und nicht als Rechteck mit zusammenstrebenden Seiten erscheint. Ein Fluchtpunkt F.P. 45° kann ein notwendiger Anhaltspunkt für einen ersten Punkt sein, um die Diagonale zu finden, durch welche die Parallelen zur Grundlinie auf der Grundebene gezogen werden müssen.

Durchsichtblatt

EIN BÜHNENBILD

17. Wir haben eine Schulbühne ausgemessen und festgestellt, daß sie 480 cm breit und 300 cm tief ist. Um den vorgegebenen Platz auf der Seite maximal auszunützen, legen wir als Einheit 1,5 cm zugrunde. Den Maßstab wählen wir so, daß 1 Einheit auf dem Papier 30 cm in der Natur entspricht.
Indem wir eine Grundlinie von 16 Einheiten Länge zeichnen und eine Diagonale zum Fluchtpunkt 45° ziehen, teilen wir die Bühne in ihrer Tiefenrichtung in 10 perspektivische Quadrate. Diese Quadrate benutzen wir, um den Plan des Bühnenbildes zu entwerfen. Nun zeichnen wir eine Vertikale für die Höhe ein. Auf der Zeichnung besteht ein Abstand von 30 cm (1 Einheit) zwischen Wand und Kulisse, so daß ein Kind sich noch hindurchschlängeln kann. Sollte ein größerer Abstand für die Beleuchtung usw. notwendig sein, so müssen die Kulissen von den Grundlinienpunkten 2 und 14 aus konstruiert werden.

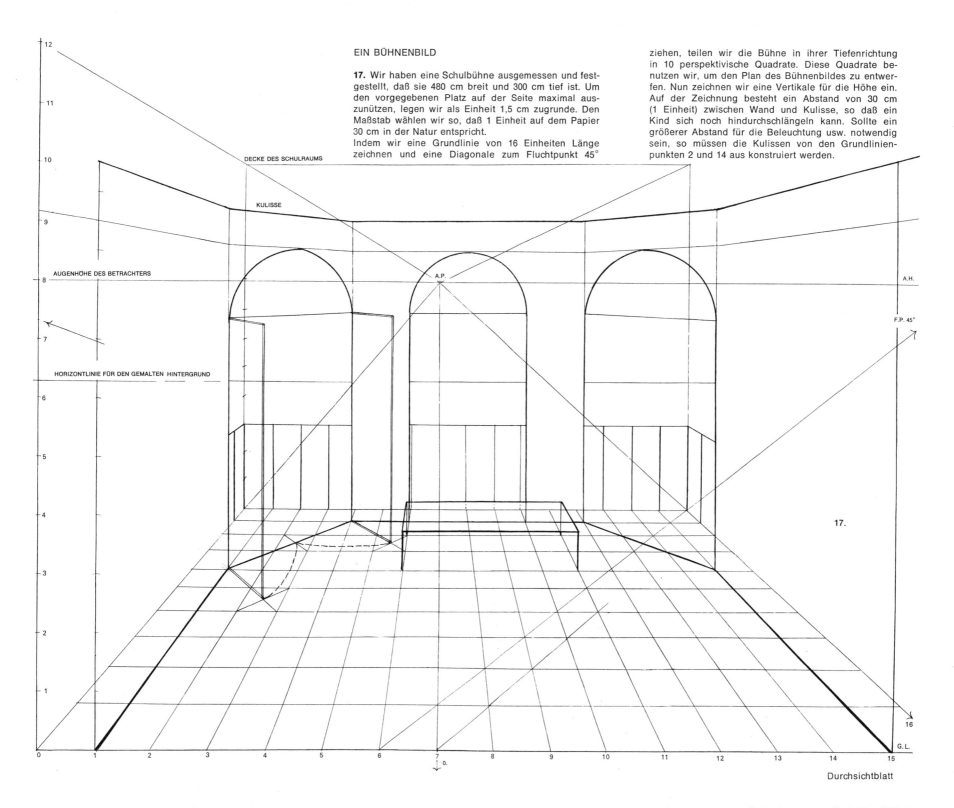

Durchsichtblatt

Die durch die Kulissenfenster sichtbare Landschaft wurde auf eine Leinwand gemalt, die sich an der Wand des Schulraumes befindet. Wenn man den richtigen Maßstab wählt, läßt sich auf diese Weise jeder erdenkliche Hintergrund malen.

Das voll ausgeführte Bühnenbild auf der Grundlage des Diagramms der vorhergehenden Seite.

Durchsichtblatt

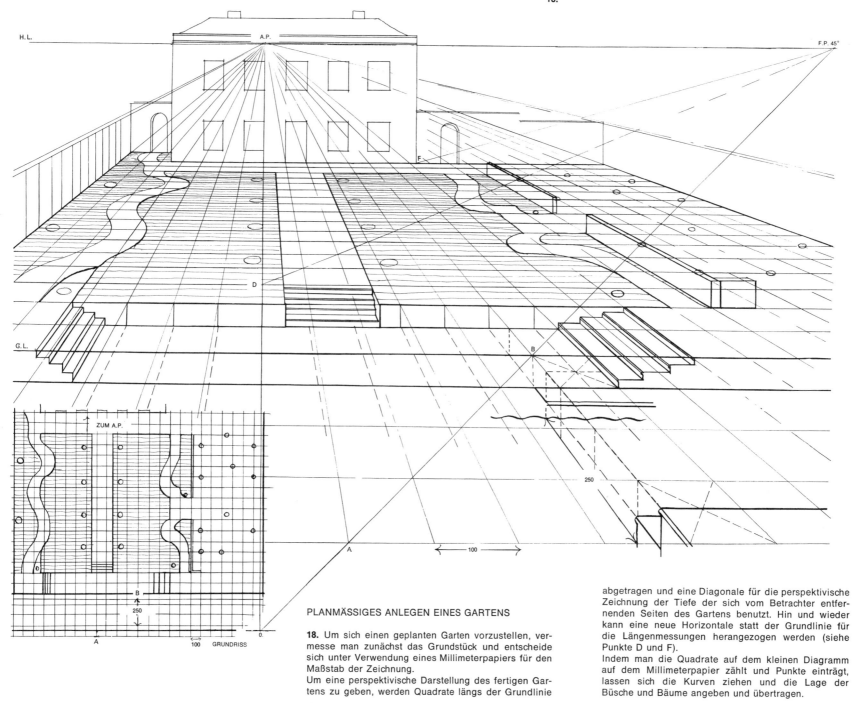

PLANMÄSSIGES ANLEGEN EINES GARTENS

18. Um sich einen geplanten Garten vorzustellen, vermesse man zunächst das Grundstück und entscheide sich unter Verwendung eines Millimeterpapiers für den Maßstab der Zeichnung.

Um eine perspektivische Darstellung des fertigen Gartens zu geben, werden Quadrate längs der Grundlinie abgetragen und eine Diagonale für die perspektivische Zeichnung der Tiefe der sich vom Betrachter entfernenden Seiten des Gartens benutzt. Hin und wieder kann eine neue Horizontale statt der Grundlinie für die Längenmessungen herangezogen werden (siehe Punkte D und F).

Indem man die Quadrate auf dem kleinen Diagramm auf dem Millimeterpapier zählt und Punkte einträgt, lassen sich die Kurven ziehen und die Lage der Büsche und Bäume angeben und übertragen.

Durchsichtblatt

Höhen werden errichtet, indem man die Breite eines Quadrats im entsprechenden Punkt hochkippt (mit dem Zirkel abgreift). In diesem Diagramm ergibt die Länge eines jeden Quadrats um 90° gedreht eine Höhe von 1 m. Wenn wir dieses Blatt gegen das Licht halten, schimmert der umseitige Plan hindurch. Der Eindruck der Tiefe wird bei dieser Zeichnung durch unterschiedliche Grautöne erreicht, da wir noch nicht gelernt haben, die von den Gegenständen geworfenen Schatten darzustellen.

Durchsichtblatt

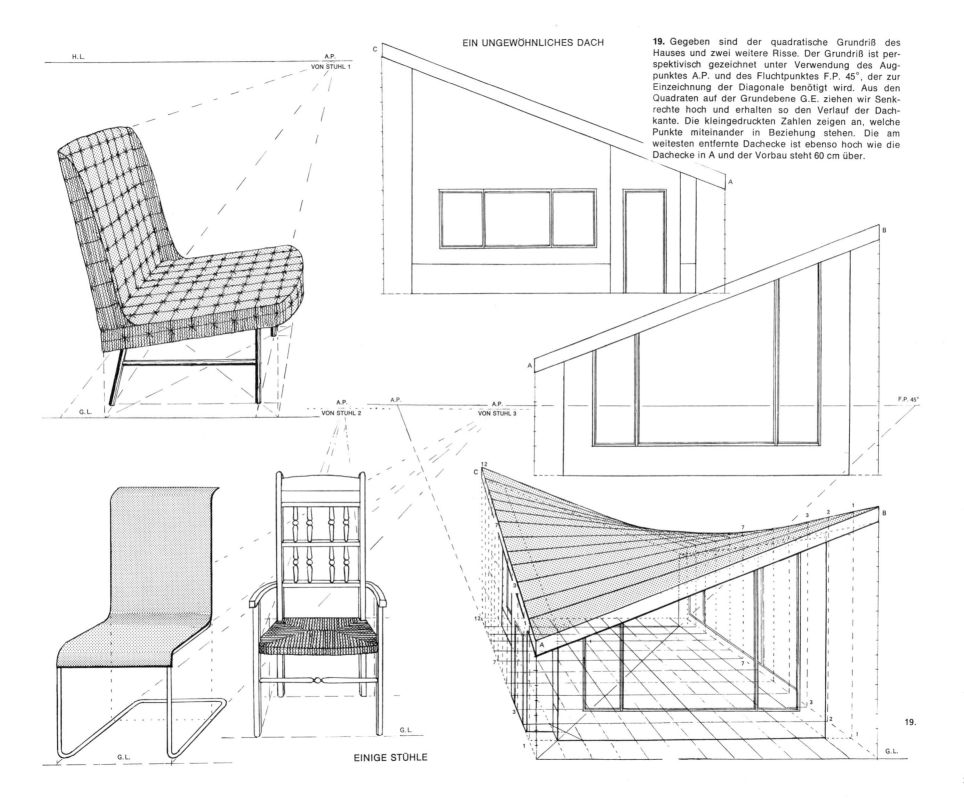

EIN UNGEWÖHNLICHES DACH

19. Gegeben sind der quadratische Grundriß des Hauses und zwei weitere Risse. Der Grundriß ist perspektivisch gezeichnet unter Verwendung des Augpunktes A.P. und des Fluchtpunktes F.P. 45°, der zur Einzeichnung der Diagonale benötigt wird. Aus den Quadraten auf der Grundebene G.E. ziehen wir Senkrechte hoch und erhalten so den Verlauf der Dachkante. Die kleingedruckten Zahlen zeigen an, welche Punkte miteinander in Beziehung stehen. Die am weitesten entfernte Dachecke ist ebenso hoch wie die Dachecke in A und der Vorbau steht 60 cm über.

EINIGE STÜHLE

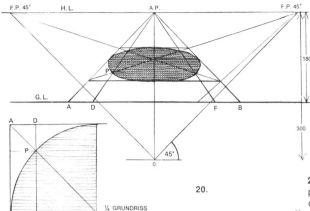

KURVEN

20. Augenhöhe = 180 cm, Entfernung von der Bildebene B.E. = 300 cm. Ein Quadrat von 360 cm Seitenlänge liegt auf der Grundebene G.E. parallel zur Bildebene B.E., jedoch 90 cm jenseits derselben. Ein Kreis ist in das Quadrat eingezeichnet.

Um einen Kreis zu zeichnen, muß zuerst ein Grundrißplan entworfen werden. Ein Viertel eines Kreises reicht aus, um eine Diagonale zu zeichnen, die die Kreislinie schneidet. Im Schnittpunkt P ziehen wir eine Parallele zur Seite des Quadrats und erhalten so die kurze Strecke AD.

Diese Strecke AD wird nun vom Punkt A aus auf der Grundlinie G.L. nach rechts abgetragen. Die Linie von D zum Augpunkt A.P. schneidet die Diagonalen des Quadrates in zwei neuen Punkten. In der gleichen Weise wird der dem Abschnitt AD entsprechende Abschnitt FB auf der Grundlinie abgetragen. Die Linie von F nach A.P. ergibt zwei weitere Schnittpunkte, mit deren Hilfe die Kreislinie nunmehr perspektivisch richtig eingezeichnet werden kann.

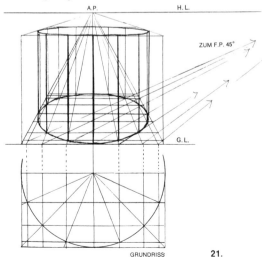

21. Aus dem Grundriß entnommene Punkte werden perspektivisch auf die Grundebene übertragen, um den geriffelten Eindruck hervorzurufen.

22. Der Grundrißplan für die geschwungene Fassade dieses Wohnblocks ist gegeben. Die Strecke O. bis A.P. ist 1½ mal so groß wie die Höhe des entfernt liegenden Blockes. Die Linien des Planes sind bis zur Grundlinie gelotet und dann bis zum Augpunkt A.P. gefluchtet worden. Wo sie die Kurven schneiden, sind die betreffenden Punkte auf der Linie AB markiert. Um ein Gewirr von Linien zu vermeiden, sind die Messungen von der Linie AB auf die Linie FG übertragen worden. Diese Punkte auf der Grundlinie wurden sodann zum rechten Fluchtpunkt 45° zurückgeführt. Wo diese Geraden die Linien von F nach A.P. in den Punkten H' und G' schneiden, wurden gestrichelte Linien parallel zur Grundlinie G.L. gezogen.

Auch die Linie MN am oberen Rande unserer Zeichnung berührt die Bildebene B.E. und kann daher zur

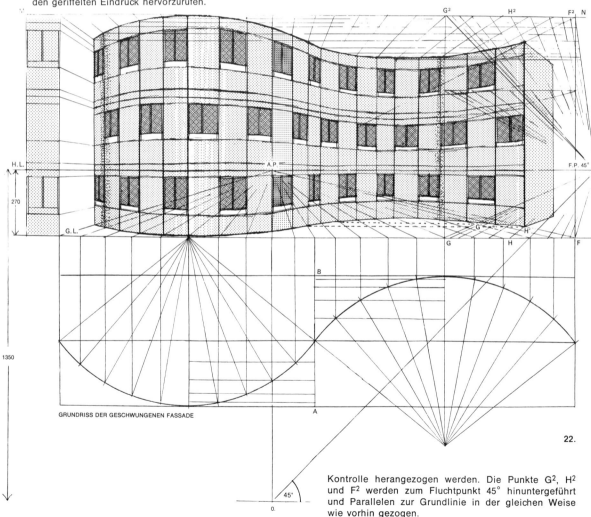

Kontrolle herangezogen werden. Die Punkte G^2, H^2 und F^2 werden zum Fluchtpunkt 45° hinuntergeführt und Parallelen zur Grundlinie in der gleichen Weise wie vorhin gezogen.

EINE WENDELTREPPE

23. Augenhöhe = 165 cm, Entfernung von der Bildebene B.E. = 300 cm.

Um die von einer Säule gebildete Achse verlaufen die Stufen der Wendeltreppe spiralig aufwärts, wobei sie einen stets gleichbleibenden Winkel mit der Säulenmitte bilden. Der Grundriß auf der Grundebene G.E. zeigt eine vollständige Umdrehung, die aus 16 Stufen besteht.

Wir zeichnen nun ein Viertel des Grundrisses und umgeben den Kreisausschnitt mit einem Quadrat. Dann markieren wir eine genügende Anzahl von Konstruktionslinien, um die entsprechenden Punkte auf der Grundebene eintragen zu können.

Eine Gerade, vom Fluchtpunkt 45° durch die Säulenmitte bis zur Grundlinie gezogen, gibt uns Punkt J, wo wir die Höhensenkrechte oder Höhenmarke für die 16 Stufen errichten.

Punkt A auf dem umschriebenen Quadrat wird vom Augpunkt A.P. bis zur Grundlinie G.L. herangeführt, die Höhe der ersten Stufe abgetragen und der so gefundene Punkt wieder zum Augpunkt zurückgeführt. Genauso wird mit B verfahren, nur daß dieses Mal die Höhe zweier Stufen errichtet wird, und so weiter und so fort. Um die Trittflächen zu zeichnen, werden die entsprechenden Linien stets bis zur Säulenmitte durchgezogen.

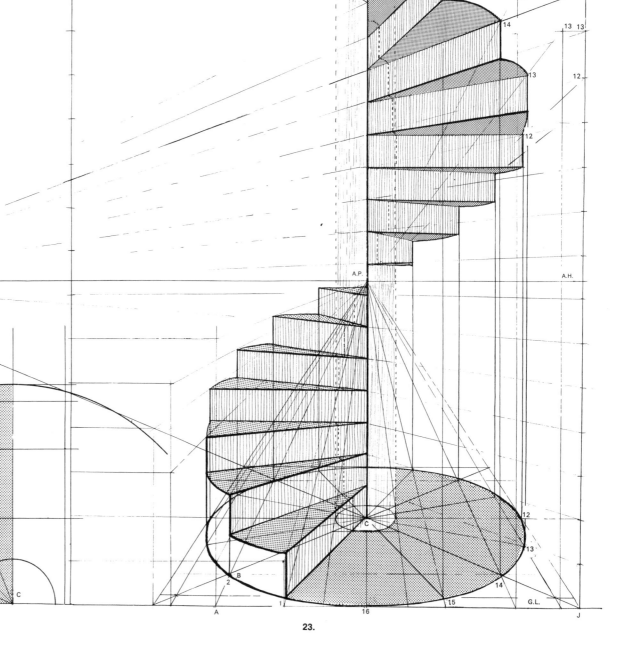

23.

Durchsichtblatt

VERVOLLSTÄNDIGUNG DER SKIZZE

Geländer usw. werden mit Hilfe der gleichen Höhensenkrechten gezeichnet. Die perspektivische Zeichnung kann noch durch allerhand Details vervollständigt werden, die jedoch zuerst auf dem Grundrißplan ausgearbeitet und dann perspektivisch übertragen werden müssen.

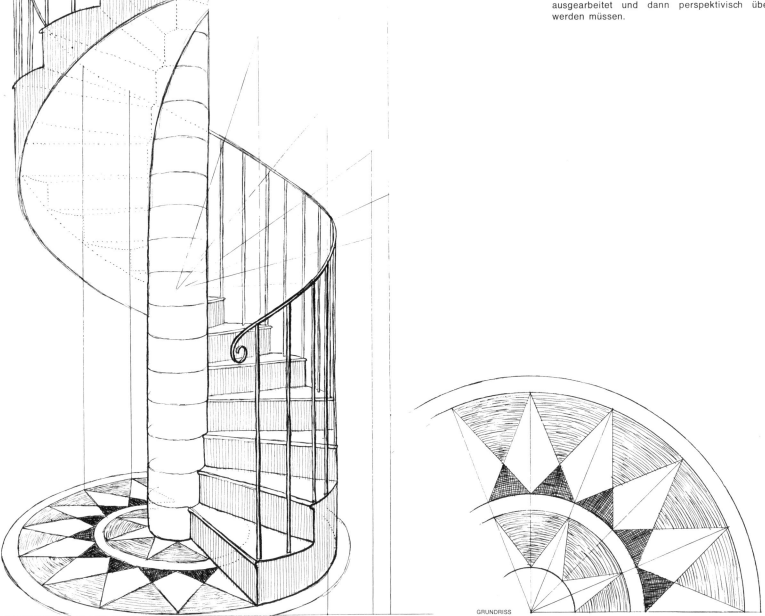

GRUNDRISS

SPIEGELUNGEN IM WASSER

Ein ruhiger Wasserspiegel wirkt wie die Oberfläche eines horizontal liegenden Spiegels.
Senkrechte Linien von Gegenständen werden unter der Oberfläche fortgesetzt und die dem Objekt genau entsprechenden Abmessungen unter der Oberfläche abgetragen. Auch wenn der Gegenstand einen komplizierten Umriß hat, lassen sich Senkrechte fällen und gleiche Maße abtragen, wobei horizontale Linien ihren Fluchtpunkten zustreben.

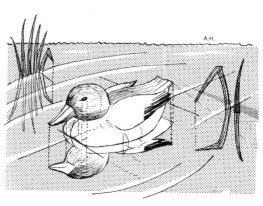

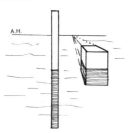

Senkrechte Gegenstände

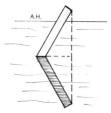

Eine parallel zur Bildebene nach einer Seite geneigte Planke

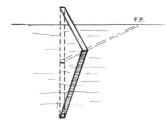

Ein zum Betrachter geneigter Pfahl

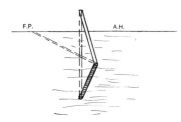

Ein vom Betrachter weg geneigter Pfahl

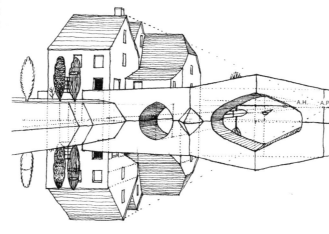

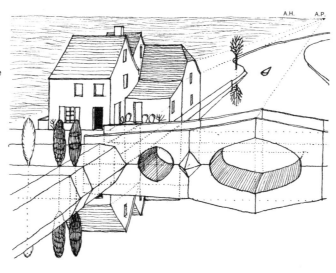

Die beiden Zeichnungen zeigen die gleiche Szene vom gleichen Standpunkt aus, nur die Augenhöhe ist in beiden Fällen verschieden. So etwas kann als Hintergrund für eine illustrierte Geschichte oder einen Filmstreifen verlangt werden. Bei gegebenen Grund-, Seiten- und Aufrissen lassen sich in dieser Weise endlos viele Ausblicke auf das Objekt wählen und perspektivisch zeichnen, ohne daß dazu ein Modell gebaut werden müßte.

Punktierte Linien zeigen, wo Senkrechte zur Zeichnung schwierigerer Objekte gefällt wurden.

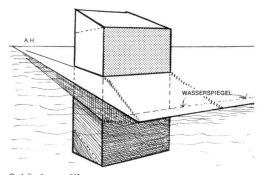

Gebäude am Ufer
Bevor die Senkrechten zum Wasserspiegel gelotet werden, muß die Eigenhöhe des Ufers Berücksichtigung finden.

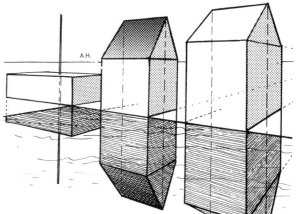

Man beachte, daß wir zwar die Spiegelungen in den beiden oberen Diagrammen gezeichnet haben, daß aber der Bildebene nicht parallele Linien nicht zum Augpunkt hin verschwinden. Diese Erkenntnis bildet die Überleitung zum nächsten Abschnitt.

ECKPERSPEKTIVE

Bisher hat sich stets irgendein Teil der perspektivisch zu zeichnenden Gegenstände parallel oder im rechten Winkel zur Grundlinie G.L. befunden. Daher war es bisher immer möglich, die tatsächlichen Abmessungen dieser Teile seitwärts längs der Grundlinie oder aufwärts in der Bildebene abzutragen.

Sogar wenn ein Quadrat so auf der Grundebene liegt, daß seine Seiten in die Fluchtpunkte F.P. 45° laufen, können wir doch stellvertretend diejenige Diagonale abmessen, die der Grundlinie parallel verläuft.

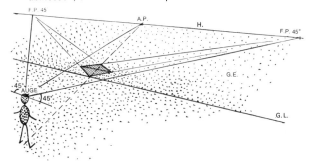

Das Diagramm zeigt den Beschauer, der ein solches Quadrat auf der Grundebene betrachtet.

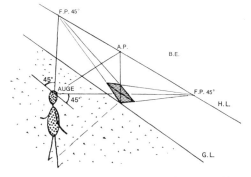

Hier ist das Quadrat so auf die Bildebene gezeichnet, wie es sich von der Seite gesehen ausnimmt.

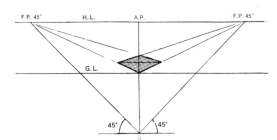

Hier ist das Quadrat so auf die Bildebene gezeichnet, wie es sich von vorn gesehen ausnimmt.

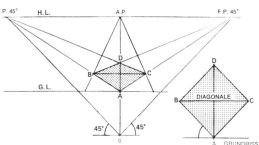

Das Diagramm zeigt ein Quadrat, das so auf der Grundebene liegt, daß seine Seiten in die Fluchtpunkte F.P. 45° laufen. Man sieht, daß eine der Diagonalen parallel zur Grundlinie G.L. verläuft, während die andere nach dem Augpunkt A.P. hin verschwindet. Indem man die Länge der Diagonale auf der Grundlinie abträgt und ihren Abstand hinter der Grundlinie G.L. markiert, kann man das Quadrat in der üblichen Weise zeichnen.

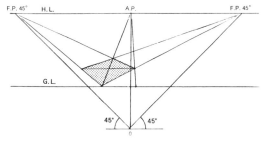

Sollte das Quadrat etwas rechts oder links vom Betrachter, d. h. vom Hauptsehstrahl H.S.S., liegen, so würde die Diagonale dennoch parallel zur Grundlinie verlaufen.

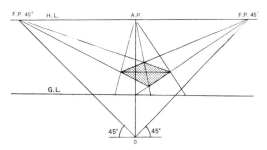

Auch wenn das Quadrat jenseits der Bildebene liegt, kann die gleiche Methode angewendet werden.

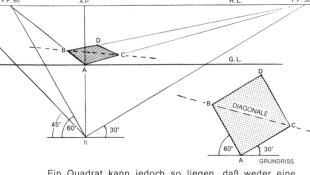

Ein Quadrat kann jedoch so liegen, daß weder eine seiner Seiten noch eine der Diagonalen parallel zur Grundlinie verläuft. Wenn das der Fall ist, muß eine andere Methode zur perspektivischen Zeichnung des Quadrats herangezogen werden. Eine Diagonale, die so verläuft wie im obigen Diagramm, läßt sich selbstverständlich nicht längs der Grundlinie abmessen.

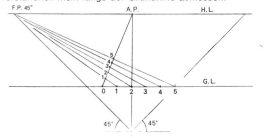

Man erinnere sich: Um Entfernungen auf einer Geraden zu messen, die zum Augpunkt A.P. hin verschwand, trugen wir die Entfernungen auf der Grundlinie G.L. ab und führten die so gewonnenen Punkte zu einem Fluchtpunkt 45° hin. Auf diese Weise wurde die Gerade an den gesuchten Punkten geschnitten.

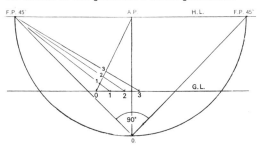

Anstatt 2 Winkel von 45° am Punkt O. auszumessen, hätten wir die beiden Fluchtpunkte 45° auch dadurch erhalten können, daß wir die Entfernung vom Augpunkt A.P. bis zum Auge O. als Radius für einen Halbkreis mit dem Augpunkt als Mittelpunkt benutzten. Durch diesen Halbkreis wird die Horizontlinie H.L. an zwei Punkten geschnitten. Diese Punkte sind die Fluchtpunkte F.P. 45°. (Ein Winkel in einem Halbkreis ist stets ein rechter Winkel.)

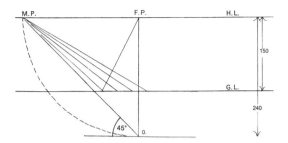

Da die Fluchtpunkte F.P. 45° zum Messen von Entfernungen auf Geraden dienen, die im Augpunkt A.P. verschwinden, können wir sagen, daß die Fluchtpunkte F.P. 45° die Meßpunkte für Linien sind, deren Fluchtpunkt der Augpunkt ist.

Um daher Entfernungen auf einer in einem Fluchtpunkt verschwindenden Geraden zu messen, haben wir den Meßpunkt so gewonnen, daß wir die Entfernung vom Fluchtpunkt F.P. zum Auge O. dazu benutzten, mit ihr aus dem Fluchtpunkt F.P. als Mittelpunkt einen die Horizontlinie H.L. schneidenden Bogen zu schlagen. Dieser Schnittpunkt ist der MESSPUNKT.

Der Augpunkt A.P. ist der einzige Fluchtpunkt, der beiderseits je einen Meßpunkt hat. Wenn sich die Gerade links vom Hauptsehstrahl H.S.S. befindet, benutzt man gewöhnlich den linken Meßpunkt M.P., liegt sie rechts, so wird der rechte M.P. benutzt.

Um zu einem Fluchtpunkt den dazugehörigen Meßpunkt zu finden, mißt man die Entfernung vom Fluchtpunkt F.P. bis zum Auge O. Mit dem Zirkel greift man diese Entfernung ab und beschreibt vom Fluchtpunkt aus einen Bogen. Der gesuchte Meßpunkt befindet sich dort, wo dieser Bogen die Gerade schneidet, auf der der Fluchtpunkt liegt.

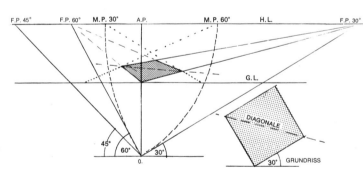

Wir kehren nun zu dem Diagramm zurück, bei dem die Diagonale des Quadrats nicht parallel zur Grundlinie verlief. Indem wir die zu den Fluchtpunkten F.P. gehörigen Meßpunkte M.P. benutzen, läßt sich das Quadrat perspektivisch richtig zeichnen. Man achte jedoch darauf, immer zu dem Fluchtpunkt zurückzukehren, von dem man ausging. Und man vergesse nicht, daß zum Auffinden eines Meßpunktes M.P. stets der Punkt O. benutzt werden muß.

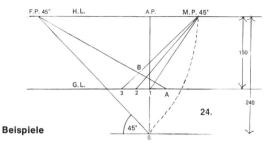

Beispiele

24. Bei einer Augenhöhe von 150 cm und einer Entfernung von der Bildebene B.E. von 240 cm verschwindet eine Linie zum linken Fluchtpunkt 45°. Diese Linie berührt die Grundlinie in einem Punkt, der 30 cm rechts vom Betrachter liegt. Um auf dieser Linie 90 cm abmessen zu können, muß zuerst der Meßpunkt M.P. gefunden werden.

Wir messen die Entfernung vom linken Fluchtpunkt F.P. 45° bis zum Auge O. Mit diesem Fluchtpunkt als Mittelpunkt und der Entfernung als Radius beschreiben wir einen Bogen, der die Horizontlinie H.L. schneidet. Am Schnittpunkt befindet sich der Meßpunkt M.P. 45° für den linken Fluchtpunkt F.P. 45°.

Von Punkt A aus tragen wir nun 3 × 30 cm nach links auf der Grundlinie ab. Die so gefundenen Punkte führen wir zum Meßpunkt 45° zurück. Dabei schneiden wir die Linie von A nach links laufend vom Fluchtpunkt F.P. 45° im Punkt B. Die Strecke AB hat die in perspektivisch richtiger Verkürzung gezeichnete Länge von 90 cm.

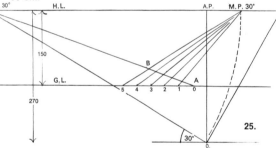

25. Augenhöhe = 150 cm, Entfernung von der Bildebene B.E. = 270 cm.

In einem Winkel von 30° mit der Bildebene fluchtet eine Linie AB nach links. Punkt A berührt die Grundlinie G.L. 30 cm links vom Betrachter. Die Linie AB soll in 5 Abschnitte von 30 cm Länge geteilt werden.

Im Punkt O. messen wir 30° mit einem Winkelmesser, um den Fluchtpunkt F.P. 30° auf der Horizontlinie H.L. zu finden. Mit diesem Fluchtpunkt als Mittelpunkt und mit der Entfernung von ihm bis zum Punkt O. als Halbmesser beschreiben wir einen Bogen, der die Horizontlinie H.L. im Meßpunkt 30° schneidet.

Von Punkt A aus tragen wir auf der Grundlinie fünf Einheiten von je 30 cm nach links ab. Jeden der so gefundenen fünf Punkte führen wir zum Meßpunkt 30° zurück und erhalten so auf der Linie AB fünf Schnittpunkte, die in der Natur jeweils 30 cm voneinander entfernt liegen.

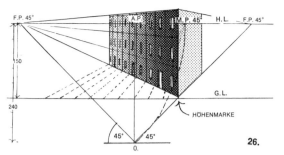

26. Eine Reihe Häuser gleicher Breite läuft hier in den linken Fluchtpunkt F.P. 45°. Die gestrichelten Linien zeigen, wo auf der Grundlinie abgetragene Punkte zum Meßpunkt M.P. 45° zurückgeführt wurden.

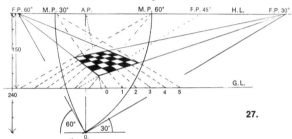

27. Ein Quadrat von 150 cm Kantenlänge liegt auf der Grundebene G.E. 40 cm rechts vom Betrachter und 50 cm jenseits der Bildebene B.E. Man finde den vorderen Eckpunkt mit Hilfe des Augpunktes A.P. und des Fluchtpunktes F.P. 45°. Die Seiten des Quadrats laufen zum linken Fluchtpunkt F.P. 60° und zum rechten Fluchtpunkt F.P. 30°. Die beiden Meßpunkte werden dazu benutzt, das Quadrat in 25 gleichgroße kleine Quadrate aufzuteilen.

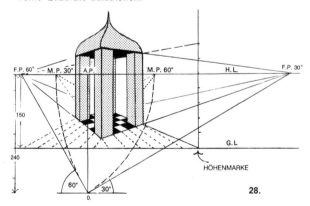

28. An jedem beliebigen Punkt auf der Grundlinie läßt sich eine Höhensenkrechte errichten. Die Fluchtung von 60° einer Seite des Gebäudes wurde hier bis zur Grundlinie verlängert und eine Höhensenkrechte errichtet, deren Endpunkt zum gleichen Fluchtpunkt F.P. 60° zurückgeführt wurde.

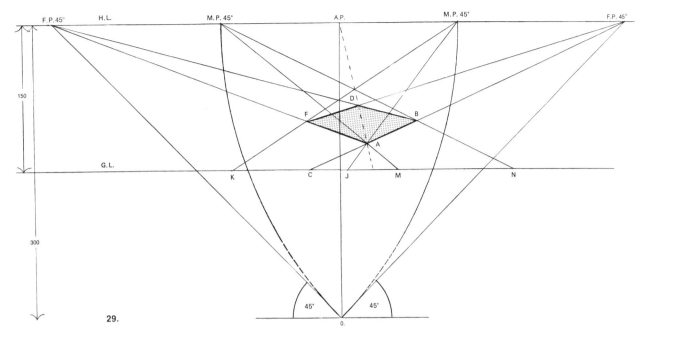

29.

29. Augenhöhe = 150 cm, Entfernung von der Bildebene B.E. = 300 cm.
ABDF ist ein auf der Grundebene G.E. liegendes Quadrat von 120 cm Kantenlänge, dessen vordere Ecke A 35 cm rechts vom Betrachter und 65 cm jenseits der Bildebene B.E. liegt. Die Seite AB fluchtet im Winkel von 45° nach rechts.
Wir finden nun A in der üblichen Weise und ziehen von A Linien nach den Fluchtpunkten F.P. 45°.
Mit den Fluchtpunkten als Mittelpunkten und den Abständen bis zum Punkt O. als Halbmessern beschreiben wir Bögen. Wo diese die Horizontlinie H.L. schneiden, liegen die zugehörigen Meßpunkte M.P.
Um Messungen auf der Geraden AF durchzuführen, verlängern wir die Linie vom rechten Meßpunkt M.P. durch A bis zum Punkt J auf der Grundlinie G.L.
Von J messen wir die benötigten 120 cm längs der Grundlinie (maßstäblich) ab und erhalten K.
Punkt K wird nun zum gleichen Meßpunkt M.P. 45° zurückgeführt. Dadurch wird die Linie von A zum linken Fluchtpunkt F.P. 45° in Punkt F geschnitten. AF ist also gleich JK. Der Fluchtstrahl von F verläuft zum rechten Fluchtpunkt F.P. 45°.
Nun verlängern wir die Linie von dem zum rechtsseitigen Fluchtpunkt F.P. gehörenden Meßpunkt M.P. 45° durch A bis zur Grundlinie und erhalten so Punkt M.
Von M tragen wir 120 cm längs der Grundlinie ab und erhalten so Punkt N, der nun zum gleichen Meßpunkt M.P. 45° zurückgeführt wird. Dadurch wird die Gerade von A zum Fluchtpunkt F.P. in B geschnitten.
Der Fluchtstrahl von Punkt B zum linken Fluchtpunkt F.P. schneidet die Linie von F zum anderen Fluchtpunkt F.P. in Punkt D. Und damit haben wir das Quadrat ABDF perspektivisch richtig gezeichnet.

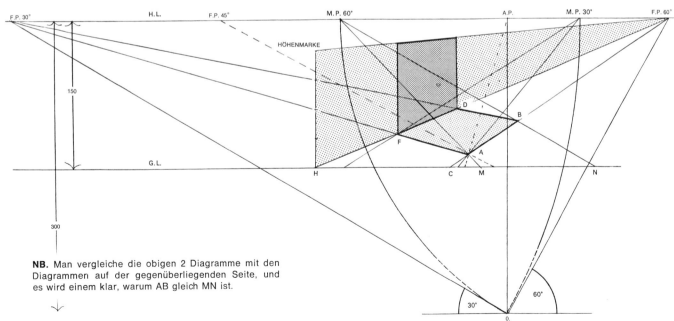

NB. Man vergleiche die obigen 2 Diagramme mit den Diagrammen auf der gegenüberliegenden Seite, und es wird einem klar, warum AB gleich MN ist.

30.

30. Augenhöhe = 150 cm, Entfernung von der Bildebene B.E. = 300 cm.
Ein Quadrat von 120 cm Kantenlänge liegt so auf der Grundebene G.E., daß sich die vordere Ecke A 45 cm links vom Betrachter und 30 cm jenseits der Bildebene B.E. befindet. AF fluchtet in einem Winkel von 30° nach links, während AB in den rechten Fluchtpunkt F.P. 60° läuft.
Wir zeichnen das Quadrat in der gleichen Weise wie vorhin, benutzen dabei aber die den Fluchtpunkten zugehörigen Meßpunkte M.P. 30° und M.P. 60°
Um längs der hinteren Seite des Quadrats eine Mauer zu errichten, verlängern wir die Linie DF vom Fluchtpunkt F.P. 60°, bis sie die Grundlinie G.L. im Punkt H berührt. Im Punkt H errichten wir eine Höhenmarke von 120 cm und führen ihren Endpunkt zum rechten Fluchtpunkt F.P. 60° zurück.
Wie in der Parallelperspektive erhalten wir so die Gesamtlänge der ganzen Wand. Indem wir in F und D Senkrechte einzeichnen, haben wir den von uns benötigten Abschnitt der Mauer errichtet.

GEOMETRISCHER BEWEIS FÜR EINEN MESSPUNKT

31. Augenhöhe = 150 cm, Entfernung von der Bildebene B.E. = 300 cm.
Es ist ein gleichschenkliges Dreieck CNB gegeben, das auf der Grundebene liegt. Der Winkel NCB beträgt 45°, die Gerade MA verläuft parallel zur Basis NB. Die Spitze C berührt die Grundlinie G.L. an einem Punkt, der sich 30 cm links vom Betrachter befindet. Die Seite CN berührt die Grundlinie G.L., und CB fluchtet nach rechts in einem Winkel von 45°.
Die Winkel an der Basis eines gleichschenkligen Dreiecks sind gleich. Da 180° − 45° = 135° ist, beträgt jeder dieser Winkel 67½°.
Aus der Tatsache, daß MA parallel zu NB verläuft, folgt geometrisch, daß AB gleich MN ist. Indem wir den Fluchtpunkt F.P. 67½° benutzen, erhalten wir die benötigten Entfernungen durch Schnittpunkte auf einer Linie, die nach dem Fluchtpunkt F.P. 45° verschwindet.
Wir finden den Punkt C, messen CMN längs der Grundlinie G.L. nach rechts ab, führen die Fluchtstrahlen von M und N nach dem Fluchtpunkt F.P. 67½° und erhalten so auf der Linie von C zum Fluchtpunkt F.P. 45° die Schnittpunkte A und B.

32. Augenhöhe = 150 cm, Entfernung von der Bildebene B.E. = 300 cm.
Ein gleichseitiges Dreieck CNB liegt so auf der Grundebene G.E., daß seine Spitze C die Grundlinie G.L. 60 cm links vom Betrachter berührt. CN berührt die Grundlinie G.L. Da alle Winkel des Dreiecks 60° betragen, fluchtet CB zum rechten Fluchtpunkt F.P. 60° und die Basis NB zum linken Fluchtpunkt F.P. 60°.

MA verläuft parallel zu NB, daher ist AB gleich MN; und wieder erhalten wir Schnittpunkte in den gesuchten Abständen auf einer Linie, die im Fluchtpunkt F.P. 60° verschwindet, indem wir uns des anderen Fluchtpunktes F.P. 60° bedienen.

Man beachte in Beispiel Nr. 31, daß die Entfernung zwischen dem Fluchtpunkt F.P. 45° und dem Auge O. gleich der Entfernung vom Fluchtpunkt F.P. 45° zum Fluchtpunkt F.P. 67½° ist.
Im Beispiel Nr. 32 ist die Entfernung zwischen dem rechten Fluchtpunkt F.P. 60° und dem Auge O. gleich der Entfernung zwischen dem rechten und dem linken F.P. 60°.
In diesen Beispielen wurden der Fluchtpunkt F.P. 67½° und der linke Fluchtpunkt F.P. 60° als Meßpunkte benutzt. Um daher den zu einem Fluchtpunkt gehörigen Meßpunkt zu finden, nehme man die Entfernung vom Fluchtpunkt F.P. zum Auge O. und beschreibe mit dieser Strecke als Radius aus dem Fluchtpunkt einen die Horizontlinie H.L. schneidenden Halbkreis. Der so gefundene Schnittpunkt ist der gesuchte Meßpunkt.

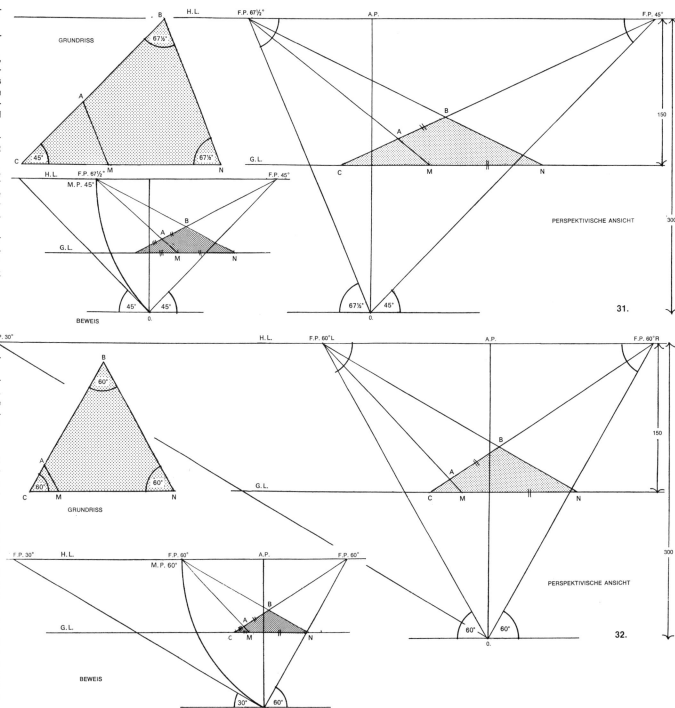

ZEICHNUNG EINES SCHREIBTISCHES AUS GRUND-, SEITEN- UND AUFRISS

33. Augenhöhe = 93,5 cm, Entfernung von der Bildebene B.E. = 136 cm, Höhe des Tisches = 70 cm.
Die Vorderseite des Tisches fluchtet in einem Winkel von 30° nach rechts, während seine Seiten in einem Winkel von 60° nach links fluchten.
Punkt A liegt 42 cm rechts vom Betrachter und 21 cm jenseits der Bildebene B.E.

Zuerst finden wir den Punkt A mit Hilfe des Fluchtpunktes F.P. 45°. Dann zeichnen wir die Fluchtstrahlen von A nach dem Fluchtpunkt F.P. 60° und dem Fluchtpunkt F.P. 30° ein und finden die zu diesen Fluchtpunkten gehörigen Meßpunkte. Von jedem Meßpunkt M.P. ziehen wir eine Linie durch A bis zur Grundlinie G.L.
Vom Grundrißplan loten wir die Abmessungen der Vorderseite auf die Grundlinie und führen die so gewonnenen Punkte zum Meßpunkt M.P. 30° zurück. Die Punkte für die Seitenabmessungen werden nach dem Meßpunkt M.P. 60° hingeführt. Alle diese Linien schneiden die Geraden, die von A und von B nach den Fluchtpunkten führen.
Eine Gerade, die vom Fluchtpunkt F.P. 30° durch A bis zur Grundlinie gezogen wird, gibt uns Punkt H für die Errichtung der Höhenmarke, die wir für die Tischfläche brauchen.

Eine weitere Gerade, die von dem Fluchtpunkt F.P. 30° durch B zur Grundlinie G.L. verläuft, gibt uns die Höhensenkrechte in J für die Schubladen usw.

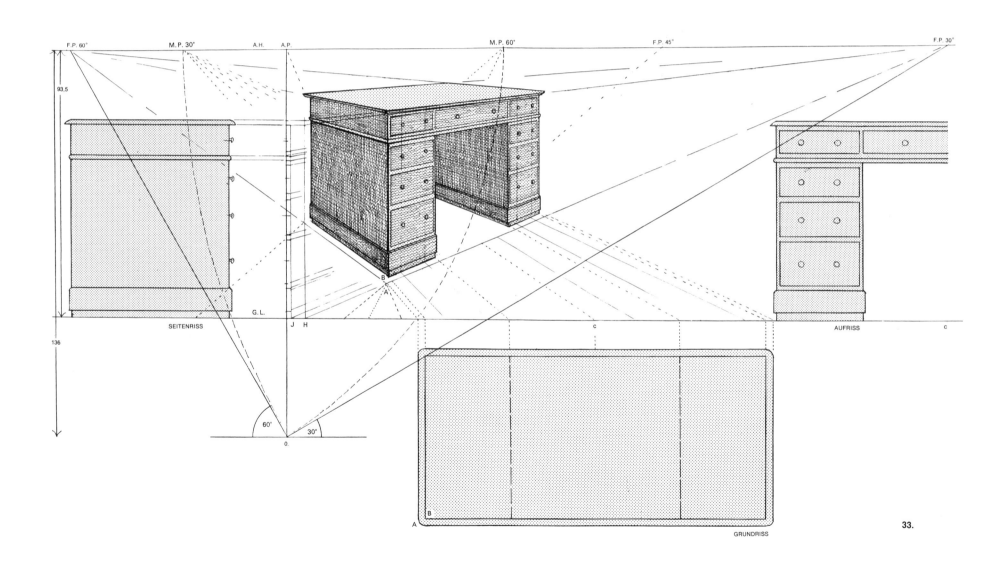

33.

BOGENGÄNGE IN VIER KONSTRUKTIONSSTADIEN

34. Augenhöhe = 210 cm, Entfernung von der Bildebene B.E. = 420 cm.
Der Grundriß einer Gruppe von 9 quadratischen Säulen mit einer Kantenlänge von 90 cm ist perspektivisch in die Grundebene eingezeichnet. Jede Säule ist 240 cm von der nächsten entfernt, und die Seiten aller Säulen laufen in die Fluchtpunkte F.P. 45°. Punkt A berührt die Grundlinie 90 cm links vom Betrachter. Zusätzliche Linien erübrigen sich, da die Diagonalen der Säulen parallel zur Bildebene verlaufen.

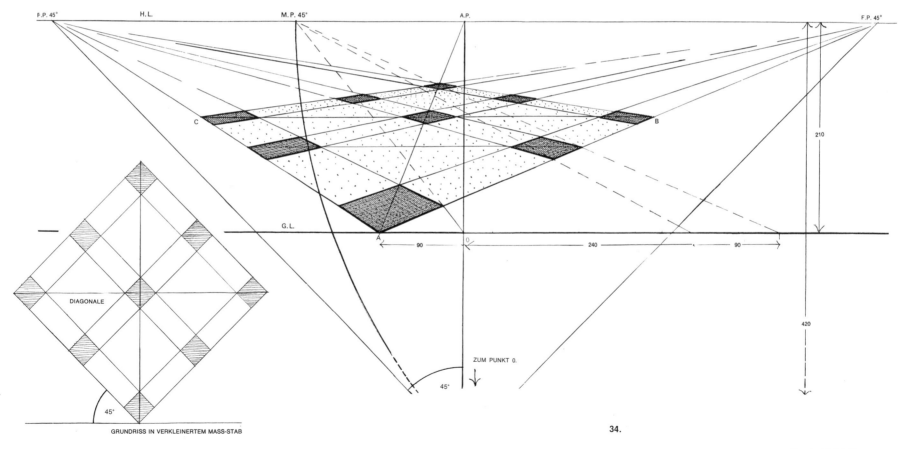

34.

Durchsichtblatt

Die Höhenmarke ist in Punkt A errichtet. AJ ist 330 cm und AH 450 cm hoch. Wir zeichnen im Diagramm den Aufriß eines Bogens, um die Diagonalen des den Bogen enthaltenden Quadrats zu finden. Das ist notwendig, um die Punkte K und L eintragen zu können, die sich mit Hilfe des Punktes M aus dem Aufriß finden lassen, da M von H aus auf der Höhenmarke abgetragen werden kann. NM auf dem Riß ist gleich HM auf der Höhenmarke, und ebenso ist MQ auf dem Riß gleich dem Abstand MJ auf der Höhensenkrechten.

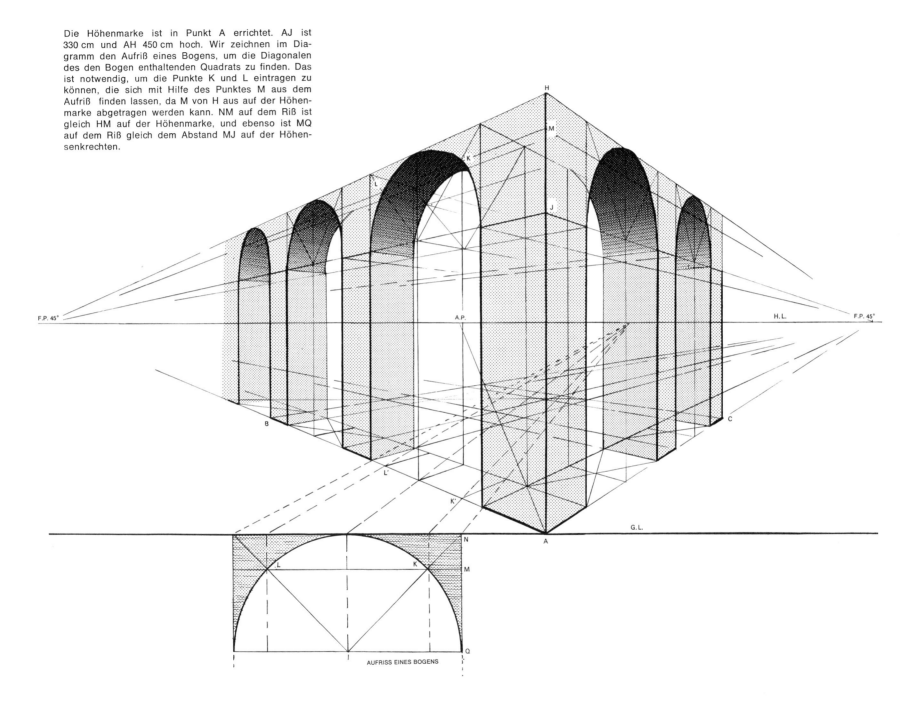

AUFRISS EINES BOGENS

Durchsichtblatt

Hier sind weitere Details durch die Aufteilung jeder Säule in vier kleinere und die Einzeichnung kleinerer Bögen eingefügt worden. Dadurch soll gezeigt werden, was sich aus einem einzigen Grundriß alles entwickeln läßt.

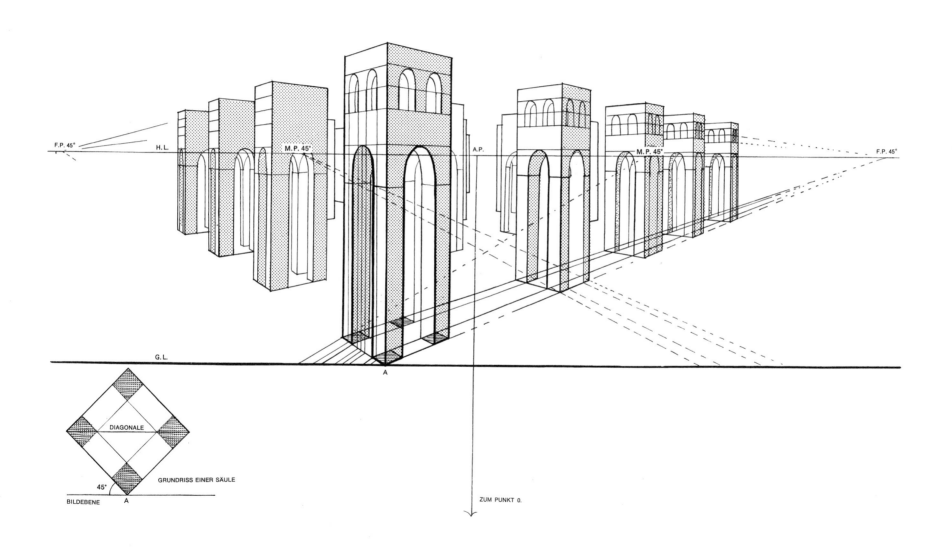

Durchsichtblatt

DIE FERTIGEN BÖGEN

Hier sind die Konstruktionslinien weggefallen und statt dessen ist das Bild fertig skizziert worden. Die vier Seiten dieser zwei Durchsichtblätter zeigen gegen das Licht gehalten dasselbe, was sich (nach Wegradieren aller überflüssigen Linien) bei Ihnen auf dem einen Zeichenblatt befindet.

Durchsichtblatt

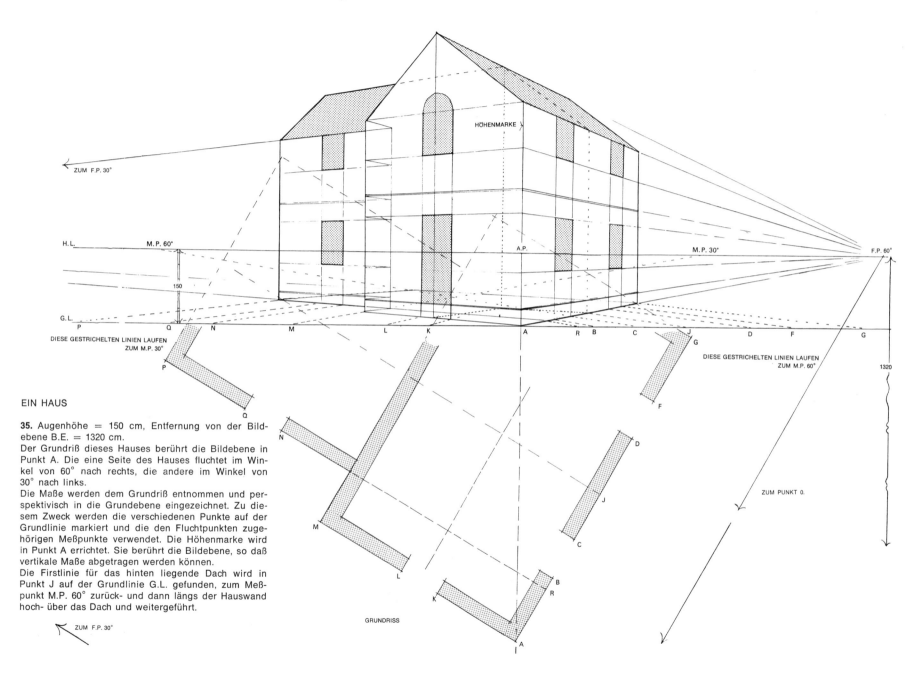

EIN HAUS

35. Augenhöhe = 150 cm, Entfernung von der Bildebene B.E. = 1320 cm.

Der Grundriß dieses Hauses berührt die Bildebene in Punkt A. Die eine Seite des Hauses fluchtet im Winkel von 60° nach rechts, die andere im Winkel von 30° nach links.

Die Maße werden dem Grundriß entnommen und perspektivisch in die Grundebene eingezeichnet. Zu diesem Zweck werden die verschiedenen Punkte auf der Grundlinie markiert und die den Fluchtpunkten zugehörigen Meßpunkte verwendet. Die Höhenmarke wird in Punkt A errichtet. Sie berührt die Bildebene, so daß vertikale Maße abgetragen werden können.

Die Firstlinie für das hinten liegende Dach wird in Punkt J auf der Grundlinie G.L. gefunden, zum Meßpunkt M.P. 60° zurück- und dann längs der Hauswand hoch- über das Dach und weitergeführt.

Durchsichtblatt

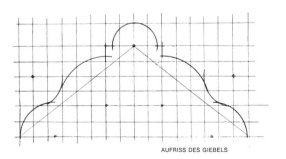

AUFRISS DES GIEBELS

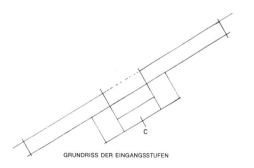

GRUNDRISS DER EINGANGSSTUFEN

Ist die Zeichnung der Umrisse des Hauses fertig, so lassen sich beliebig viele Details hinzufügen. Nehmen wir an, das Haus sollte verändert oder neu entworfen werden, so ließe sich der volle Eindruck durch Skizzieren im Rahmen der gegebenen Umrisse erzielen. Das ist für den Bauherrn sehr viel anschaulicher als ein einfacher Riß.

Durchsichtblatt

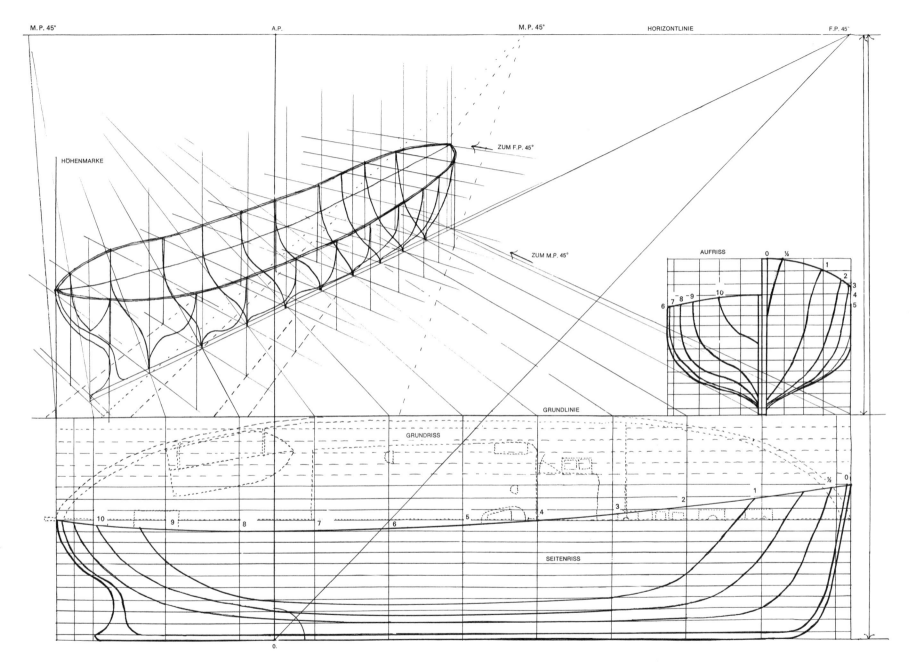

EIN BOOT

36. Die perspektivische Zeichnung des Bootes läßt sich mit den gegebenen Rissen ausführen.

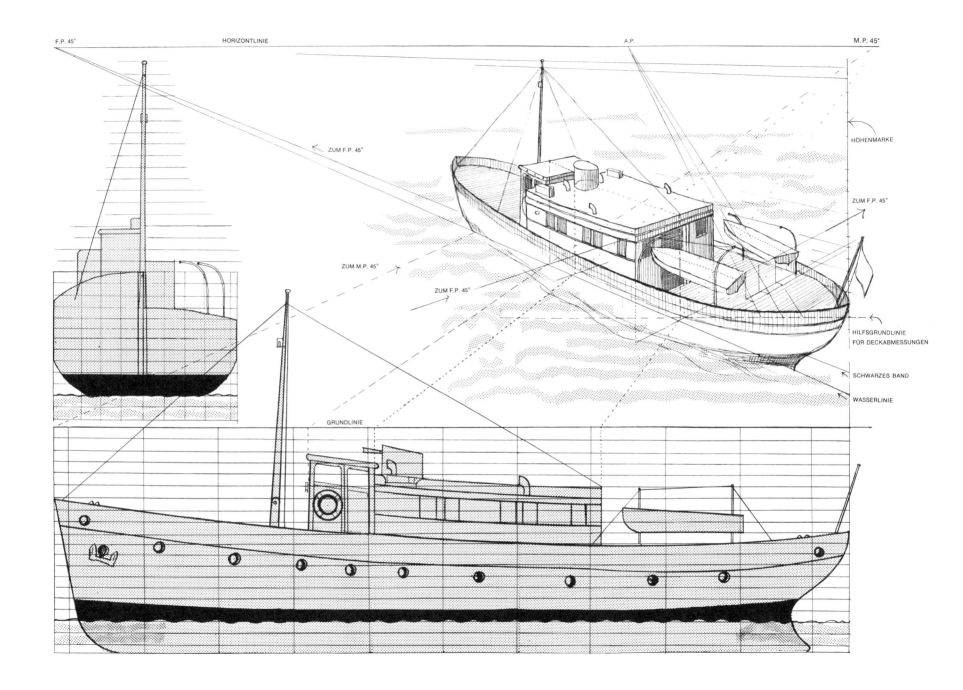

38 Durchsichtblatt

SZENENAUFBAU FÜR EINEN FILM

37. Da viele Filme im Freien aufgenommen werden, müssen Decken für solche Aufbauten gezeichnet werden, die Innenräume darstellen sollen. Das ist z. B. bei Szenen notwendig, die in so kleinen Räumen spielen, daß die Kameras keinen Platz hätten, oder in Szenen, wo eine eingebaute Decke die Lichtverhältnisse ungünstig beeinflussen würde.

Nehmen wir an, die obige Zeichnung sei die Photographie eines Szenenaufbaus. Die Augenhöhe ist festzustellen, und die beiden Fluchtpunkte sind zu finden.

37.

Durchsichtblatt

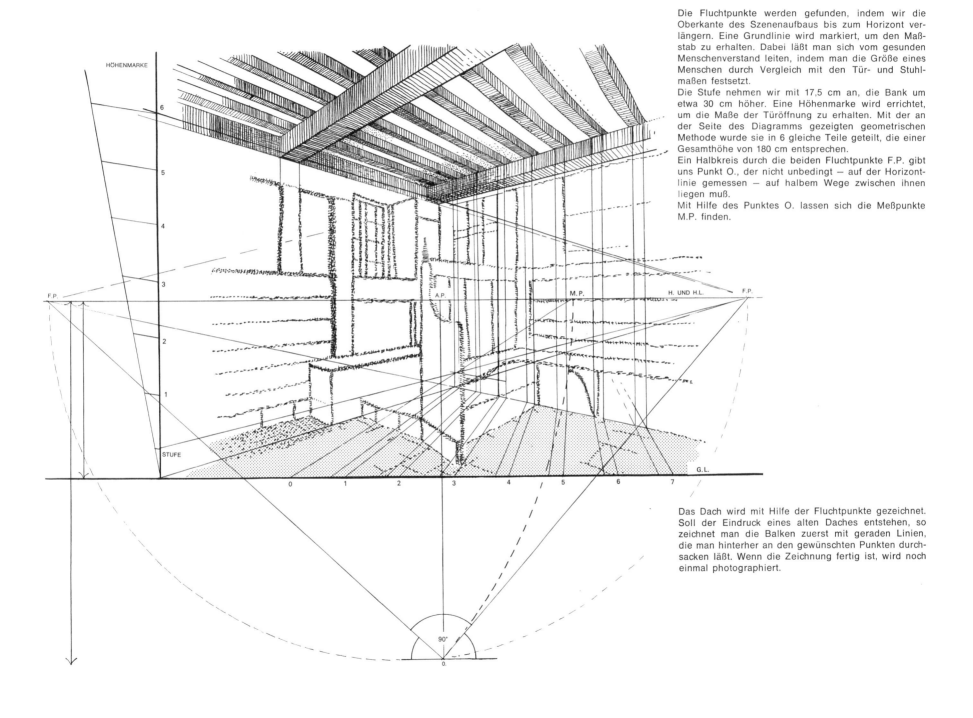

Die Fluchtpunkte werden gefunden, indem wir die Oberkante des Szenenaufbaus bis zum Horizont verlängern. Eine Grundlinie wird markiert, um den Maßstab zu erhalten. Dabei läßt man sich vom gesunden Menschenverstand leiten, indem man die Größe eines Menschen durch Vergleich mit den Tür- und Stuhlmaßen festsetzt.

Die Stufe nehmen wir mit 17,5 cm an, die Bank um etwa 30 cm höher. Eine Höhenmarke wird errichtet, um die Maße der Türöffnung zu erhalten. Mit der an der Seite des Diagramms gezeigten geometrischen Methode wurde sie in 6 gleiche Teile geteilt, die einer Gesamthöhe von 180 cm entsprechen.

Ein Halbkreis durch die beiden Fluchtpunkte F.P. gibt uns Punkt O., der nicht unbedingt — auf der Horizontlinie gemessen — auf halbem Wege zwischen ihnen liegen muß.

Mit Hilfe des Punktes O. lassen sich die Meßpunkte M.P. finden.

Das Dach wird mit Hilfe der Fluchtpunkte gezeichnet. Soll der Eindruck eines alten Daches entstehen, so zeichnet man die Balken zuerst mit geraden Linien, die man hinterher an den gewünschten Punkten durchsacken läßt. Wenn die Zeichnung fertig ist, wird noch einmal photographiert.

SCHRAUBE UND MUTTERN

38. Die beiden Muttern liegen auf der Grundebene G.E., und ihre Kanten laufen in die Fluchtpunkte F.P. 45°. In der üblichen Weise werden die Maße den Rissen entnommen und auf der Grund- und Horizontlinie (G.L. und H.L.) abgetragen. Die Konstruktionslinien sind auf dem Aufriß gegeben, der an der Grundlinie gezeichnet wurde, um die Verwendung der Geraden CH als Höhensenkrechte zu ermöglichen. Dasselbe bezieht sich auf die Abstände zwischen A und F.

Das hier gezeigte Beispiel findet nicht nur Anwendung für kleine Gegenstände wie Schrauben und Muttern. Auch Teile sehr großer Maschinen würden in der gleichen Weise gezeichnet werden.

NB. Die Entfernung vom Augpunkt A.P. zum Auge O. ist stets gleich der Entfernung vom Augpunkt zum Fluchtpunkt F.P. 45°.

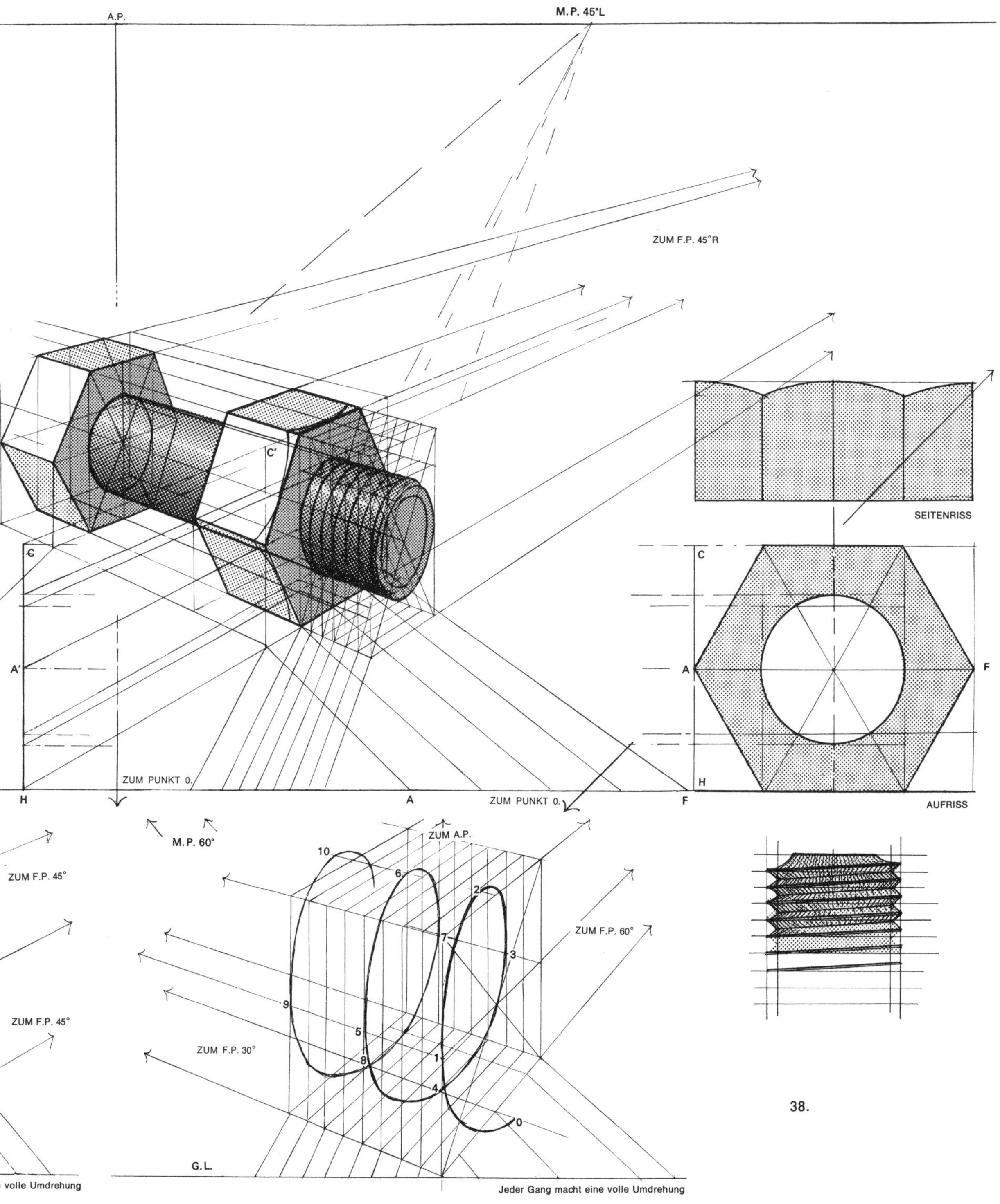

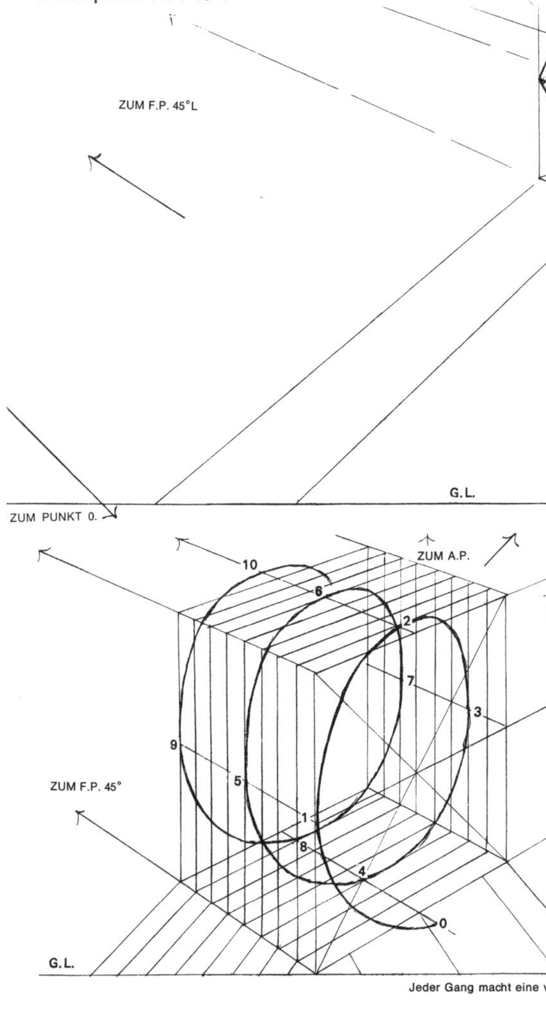

SEITENRISS

AUFRISS

Jeder Gang macht eine volle Umdrehung

Jeder Gang macht eine volle Umdrehung

38.

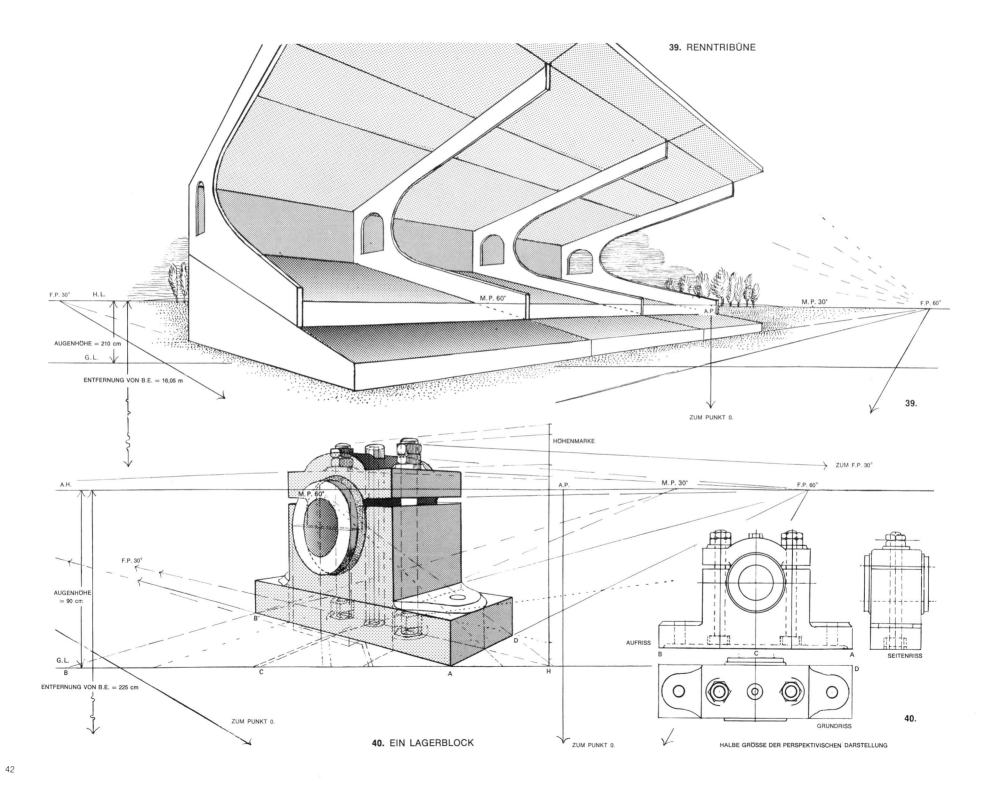

SCHRÄGPERSPEKTIVE

Dieses Gebiet der Perspektivenlehre ist besonders interessant, weil es sich mit auf- und abwärtsführenden Linien und Flächen, Dächern usw. befaßt.

Das erste Bild zeigt ein schräges Dach, das sich vom Betrachter weg aufwärts erstreckt. Die untere Kante des Daches liegt der Bildebene näher als seine Firstlinie. Diese schräge Dachseite liegt also in einer ANSTEIGENDEN EBENE

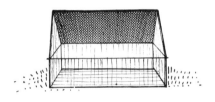

Die vom Betrachter abgekehrte Seite dieses Daches liegt mit ihrer Firstlinie näher zur Bildebene als mit ihrer unteren Kante. Mit anderen Worten: Diese Dachseite ist abwärts geneigt und liegt in einer ABSTEIGENDEN EBENE.

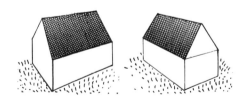

Diese Gebäude liegen nicht parallel zur Bildebene, und ihre Dächer fluchten unter verschiedenen Winkeln. Ihre Dachflächen befinden sich in schrägen Ebenen, die weder horizontal noch vertikal zur Bildebene stehen. Dennoch läßt sich ihr Kontakt mit der Bildebene finden, und die benötigten Entfernungen lassen sich längs ihrer Fluchtlinien messen.

Bei einem Spaziergang durch am Hügel gebaute Straßen sollte man auf die Stufen vor den Häusern achten, die zwar ebene Trittflächen haben, deren Seiten aber verschieden hoch sind. Das heißt, daß der Weg entweder aufwärts oder abwärts verläuft und dabei einen Winkel mit den ebenen Stufenflächen bildet.

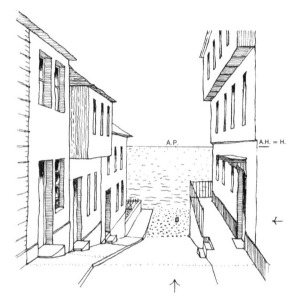

Hier fluchten alle bergabführenden Linien zur linken Basisseite des kleinen Pfahles am Strande. Alle von der Bildebene B.E. wegführenden ebenen Linien fluchten zu dem direkt darüberliegenden Punkt auf dem Horizont.

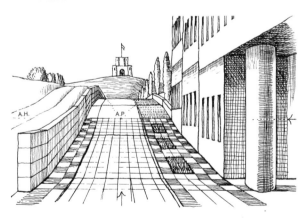

Die Linien dieser leichten Erhebung fluchten zum Mittelpunkt des entfernten Bogens, während die steileren Linien zur Spitze der Fahnenstange fluchten. Die Pfeile deuten auf den Augpunkt in Augenhöhe.

Bei einer langen Geschäftsfront wird auch sichtbar, daß die Fußböden im Innern eben sind, während das Straßenpflaster in einem Winkel abwärts führt.

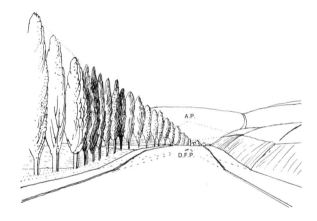

Auch wo keine Gebäude vorhanden sind, läßt sich ein Bild zeichnen, das die Unebenheiten des Bodens zeigt. Zeichnet man aus dem Gedächtnis oder nach der Phantasie, dann muß man wissen, wo die Fluchtpunkte liegen sollten. Hat man erst die folgenden Probleme verstanden, so kann man auch einen Weg zeichnen, der vom Zeichner weg direkt abwärts führt — eine Aufgabe, die manch einer schon nach der ersten Perspektivestunde gerne in Angriff nehmen würde.

Es ist durchaus möglich, daß man mit perspektivischen Problemen, bei denen das Auge tief unten liegt, gar nicht mehr in Berührung kommt. Hat man sie aber einmal verstanden, so führt dieses Verständnis dazu, daß eine Phantasiezeichnung überzeugender gelingt und die Rekonstruktion einer Ruine realistischer wirkt.

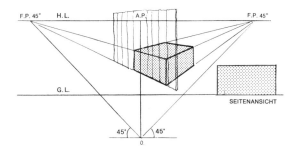

Nehmen wir an, ein Kasten liege so auf der Grundebene, daß seine Seiten im Winkel von 45° nach rechts und links fluchten. Gegen einen solchen Kasten von beliebiger Größe lehnen wir an einer Seite ein Stück steifes Papier.

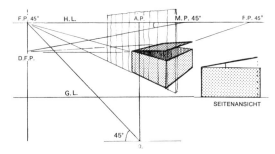

Jetzt öffnen wir langsam den Deckel des Kastens. Die seitliche Deckelkante berührt das Papier, und diese Berührung bleibt erhalten, wenn wir den Deckel auch noch so weit öffnen.

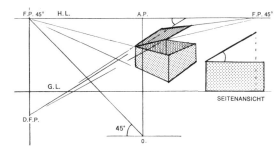

Der Versuch zeigt, daß die Deckelkante in der gleichen Ebene liegt wie die Kastenseite. Da die Fluchtlinien des Kastens in den linken Fluchtpunkt 45° laufen, wird eine durch diesen Fluchtpunkt gelegte Senkrechte alle Fluchtpunkte der sich öffnenden seitlichen Deckelkante enthalten.

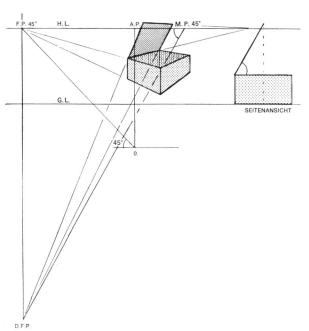

Je weiter sich der Deckel öffnet, desto tiefer hinunter geht der Fluchtpunkt. Das bedeutet in anderen Worten, daß der Deckel in einer absteigenden Ebene liegt.

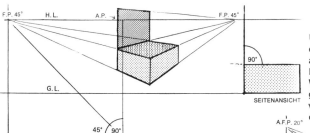

Öffnet man den Deckel noch weiter, so bildet die Kante schließlich eine Senkrechte, während die Fläche des Deckels zur Grundebene in einem Winkel von 90° steht, so daß er nach den Prinzipien der Parallelperspektive gezeichnet werden kann.

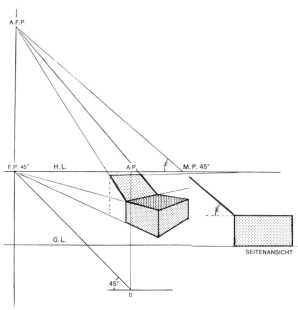

Wird der Deckel jedoch über die Vertikale hinaus noch weiter geöffnet, so zeigt sich, daß die seitliche Deckelkante nun zu einem ANSTEIGENDEN FLUCHTPUNKT hinläuft. Noch immer berührt sie dabei das an der Kastenseite lehnende Papier.

Unabhängig von dem Winkel, in dem der Kastendeckel geöffnet wird, befinden sich alle Fluchtpunkte auf der Senkrechten, die durch den Fluchtpunkt des Kastens aufwärts oder abwärts gezogen wird. Der Winkel läßt sich dabei an dem zu diesem Fluchtpunkt gehörenden Meßpunkt auf der Horizontlinie messen, wie aus der untenstehenden Zeichnung ersehen werden kann.

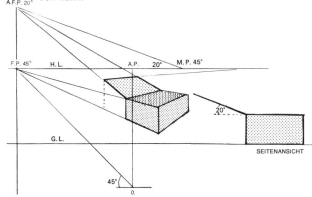

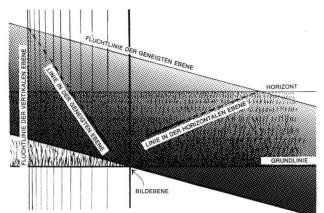

Alle Linien sind in Ebenen enthalten. Zu jeder Ebene gehört eine entfernte Linie, welche die Fluchtpunkte enthält, und eine nahe Linie, die die Bildebene berührt und auf der gemessen werden kann.
In der Parallel- und in der Eckperspektive hatte die Grundebene eine entfernte Linie, die als Horizont oder Horizontlinie bezeichnet wurde, während ihre nahe Linie die Grundlinie war.

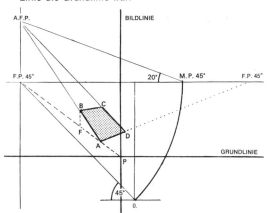

Im obigen Diagramm haben wir eine Linie AB, die sich in einer schiefen Ebene befindet. Diese Ebene ist zum rechten Fluchtpunkt F.P. 45° gerichtet und fluchtet infolge ihrer Neigung zu einem oberhalb des linken Fluchtpunktes F.P. 45° gelegenen Punkt.
Die entfernte Linie dieser ansteigenden Fluchtpunkte ist eine durch den linken Fluchtpunkt F.P. 45° gezogene Senkrechte. Die Neigungswinkel — im obigen Diagramm 20° — können an dem zu diesem Fluchtpunkt gehörigen Meßpunkt M.P. 45° gemessen werden.
Um die nahe Linie zu finden, welche die Bildebene B.E. berührt, ziehen wir eine Linie von F.P. 45° durch F und A bis zum Punkt P auf der Grundlinie G.L.
Da die Fluchtlinie der Ebene eine Senkrechte ist, ist die in P errichtete BILDLINIE ebenfalls eine Senkrechte. Direkte Messungen lassen sich auf ihr vornehmen.

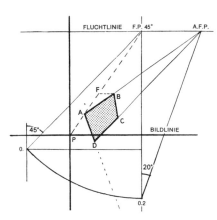

Drehen wir unser Diagramm nun auf die Seite, so daß es den obigen Anblick bietet:
Nun entspricht unsere Fluchtlinie einer Horizontlinie, unsere Bildlinie entspricht einer Grundlinie und wir haben auch einen Punkt, in dem der Neigungswinkel gemessen wurde. Dieser Punkt entspricht dem Punkt O. und wird O.2 genannt. Winkel für die schiefe Ebene werden in Punkt O.2 gemessen.

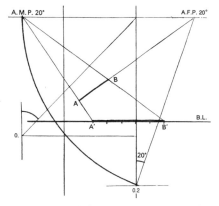

Uns ist die Regel bekannt, nach der man einen zu einem Fluchtpunkt gehörigen Meßpunkt findet, indem man die Entfernung bis zum Punkt O. als Radius benutzt, mit dem man aus dem Fluchtpunkt einen Bogen beschreibt. Wo der Bogen die den Fluchtpunkt enthaltende Linie schneidet, liegt der gesuchte Meßpunkt M.P.
In diesem Fall nehmen wir die Entfernung vom ansteigenden Fluchtpunkt A.F.P. bis O.2. Mit dem so gewonnenen Radius schlagen wir einen Halbkreis, und wo er die den Fluchtpunkt enthaltende Linie schneidet, haben wir den ANSTEIGENDEN MESSPUNKT A.M.P. gefunden.
Um ihn zu nutzen, ziehen wir von A.M.P. durch A eine Linie, welche die Bildlinie B.L. in A′ berührt, ebenso durch B eine Gerade bis zum Berührungspunkt B′. A′B′ gibt uns die tatsächliche Länge der Linie AB auf der geneigten Ebene.

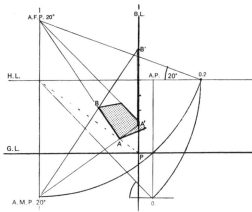

Nun drehen wir unser Diagramm wieder in die Ausgangslage zurück und erhalten das untenstehende Bild:

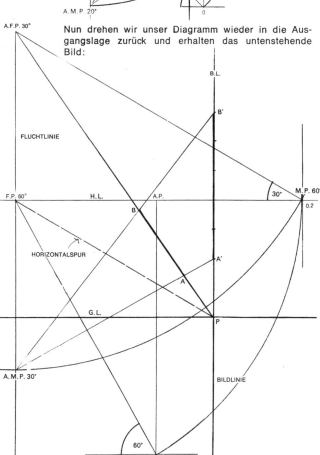

AB befindet sich in einer ansteigenden Ebene, die mit der Grundebene einen Winkel von 30° bildet. Die Linie vom Fluchtpunkt F.P. 60° zum Punkt P wird HORIZONTALSPUR genannt. Im obigen Diagramm ist sie gestrichelt dargestellt.

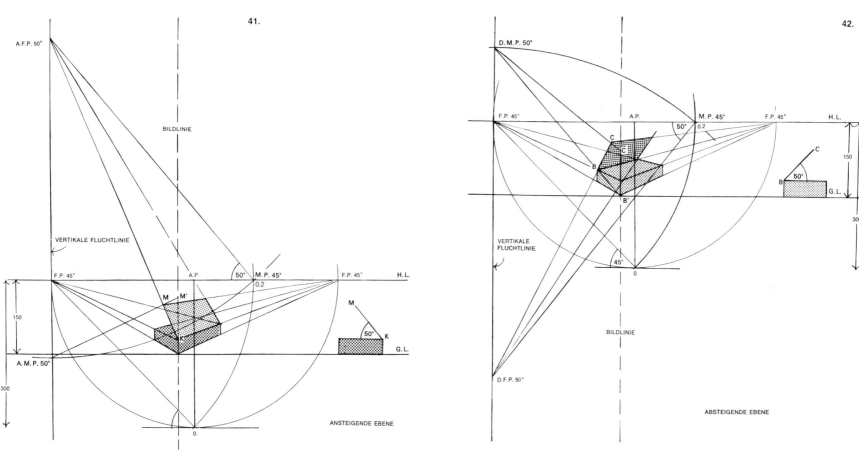

Beispiele

EINE ANSTEIGENDE EBENE

41. Augenhöhe = 150 cm, Entfernung von der Bildebene B.E. = 300 cm.
Methode zur Anwendung der neuen Meßpunkte:
Nehmen wir an, daß das Grunddiagramm gezeichnet ist und wir dem auf der Grundebene stehenden Kasten einen Deckel anzuzeichnen haben, der im Winkel von 50° geöffnet ist.
Wäre der Deckel geschlossen, so würden seine Seiten zum F.P. 45° fluchten. Da der geöffnete Deckel in einer ansteigenden Ebene liegt, wird er zu einem oberhalb dieses Fluchtpunktes liegenden Punkt fluchten.
Wir finden nun den Meßpunkt M.P. 45° und benutzen ihn als O.2. In O.2 zeichnen wir einen Winkel von 50° **über** der Horizontlinie ein und verlängern diese Linie, bis sie die vertikale Fluchtlinie, die durch den Fluchtpunkt F.P. 45° verläuft, schneidet. Der Schnittpunkt ist der ansteigende Fluchtpunkt A.F.P. 50°. Die kurzen Seiten des Deckels fluchten zu diesem Punkt.
Als nächstes finden wir den zu diesem A.F.P. gehörigen Meßpunkt A.M.P. Wir nehmen die Entfernung vom A.F.P. 50° bis zum Punkt O.2, und mit dieser Strecke als Radius schlagen wir aus diesem Fluchtpunkt einen Bogen, der die vertikale Fluchtlinie schneidet. Der Schnittpunkt ist der gesuchte A.M.P. 50°
Da K die Bildlinie B.L. schon berührt, messen wir an dieser Linie die Entfernung bis M'. Die Linie von M' zum A.M.P. 50° gibt uns den Schnittpunkt M auf der Geraden von K zum A.F.P. 50°. KM ist die gesuchte Breite des Deckels.
Der Fluchtstrahl von M zum rechten F.P. 45° gibt uns die Deckellänge, die vom Fluchtstrahl aus der entfernten hinteren Kastenecke zum A.F.P. 50° begrenzt ist. Damit ist auch die vierte Deckelkante gezeichnet.

EINE ABSTEIGENDE EBENE

42. Wir drehen nun den Kasten um, so daß sein Deckel in einer absteigenden Ebene liegt, die Kastenöffnung also uns zugekehrt ist. Daher muß der Winkel von 50° nunmehr auf der Horizontlinie H.L. **unterhalb** von O.2 gemessen werden.
Wir verlängern nun diesen Winkel, bis sein Schenkel die vertikale Fluchtlinie im D.F.P. 50°, d. h. im ABSTEIGENDEN FLUCHTPUNKT (descendierenden Fluchtpunkt) schneidet. Die Kanten des Deckels an der Hinterseite des Kastens fluchten nun zu diesem Punkt.
Wieder finden wir den zu diesem Fluchtpunkt gehörigen Meßpunkt in der üblichen Weise. Mit der Entfernung bis zum Punkt O.2 als Radius beschreiben wir einen Bogen aus D.F.P. Wo er die vertikale Fluchtlinie schneidet, liegt der D.M.P. 50°, d. h. der ABSTEIGENDE MEẞPUNKT 50°.
Von hier ziehen wir eine Linie durch B, welche die Bildlinie B.L. in B' berührt. (Zufällig fällt im obigen Diagramm B' mit dem Kastenboden zusammen.) Nun messen wir die Deckelbreite von B' entlang der Bildlinie ab und erhalten so Punkt C'.
Eine Linie von D.M.P. 50° zu C' gibt uns als Schnittpunkt mit dem Fluchtstrahl zum D.F.P. 50° den Punkt C. Das ist der von uns gesuchte Punkt.
Eine Gerade vom D.F.P. 50° durch die entfernte Kastenecke gibt uns in ihrer Verlängerung den Schnittpunkt mit dem Fluchtstrahl aus C zum Fluchtpunkt F.P. 45° – und damit haben wir den Deckel perspektivisch richtig gezeichnet.

EIN QUADRAT IN EINER ABSTEIGENDEN EBENE

43. Augenhöhe = 150 cm, Entfernung von der Bildebene B.E. = 270 cm.

ABCD ist ein Quadrat von 90 cm Kantenlänge, das in einer absteigenden Ebene liegt, die mit der Grundebene einen Winkel von 45° bildet. A liegt 45 cm rechts vom Betrachter und 105 cm jenseits der Bildebene B.E. AB befindet sich auf der Grundebene und läuft in den rechten Fluchtpunkt F.P. 30°.

Wir zeichnen nun das Grunddiagramm und finden A mit Hilfe des Augpunktes A.P. und des rechten Fluchtpunktes F.P. 45°. Dann zeichnen wir die Linie AB in Richtung des rechten Fluchtpunktes F.P. 30°.

Aus dem Meßpunkt M.P. 30° ziehen wir eine Linie durch A bis zur Grundlinie. Von diesem Berührungspunkt tragen wir auf der Grundlinie 90 cm nach rechts ab und ziehen aus dem so gefundenen Punkt eine Linie zurück zum Meßpunkt M.P. 30°, welche den Fluchtstrahl aus A zum Fluchtpunkt F.P. 30° in B schneidet.

Hätte das Quadrat flach gelegen statt in einer schiefen Ebene, so wären zwei seiner Seiten in den Fluchtpunkt 60° gelaufen, da eine Seite im Winkel von 30° nach rechts fluchtet. Daher müssen wir nun den Fluchtpunkt F.P. 60° finden und eine Senkrechte durch ihn ziehen.

Anschließend suchen wir den Meßpunkt M.P. 60°, da er als O.2 dienen soll.

In O.2 messen wir nun 45° unterhalb der Horizontlinie ab und verlängern den Winkel bis zum Schnittpunkt mit der Senkrechten durch den Fluchtpunkt F.P. 60°. Der Schnittpunkt ist der D.F.P. 45°, d. h. der absteigende Fluchtpunkt für die Ebene des Quadrats.

Nun finden wir den zu diesem absteigenden Fluchtpunkt gehörigen absteigenden Meßpunkt D.M.P. Mit dem D.F.P. als Mittelpunkt und seiner Entfernung bis zum Punkt O.2 als Radius schlagen wir einen Bogen, der die senkrechte Fluchtlinie schneidet. Der Schnittpunkt ist der gesuchte absteigende Meßpunkt D.M.P. 45°.

Die aus dem Fluchtpunkt F.P. 60° durch A zur Grundlinie gezogene Gerade gibt uns die Horizontalspur H.S. Wo sie die Grundlinie G.L. berührt, liegt Punkt P, durch den wir die senkrechte Bildlinie B.L. ziehen, auf der sich die tatsächlichen Maße abtragen lassen.

Vom absteigenden Meßpunkt D.M.P. ziehen wir eine Linie durch A bis zur Bildlinie. Von dem so gefundenen Punkt K aus greifen wir 3×30 cm auf der Bildlinie ab (maßstäblich) und ziehen vom Endpunkt der Strecke eine Linie zurück zum D.M.P. 45°.

Wo diese Linie den verlängerten Fluchtstrahl von A zum absteigenden Fluchtpunkt D.F.P. 45° schneidet, liegt Punkt D. Die vom D.F.P. 45° durch B gezogene Gerade wird vom Fluchtstrahl aus D zum Fluchtpunkt F.P. 30° in C geschnitten. Und damit haben wir das Quadrat ABCD perspektivisch richtig gezeichnet.

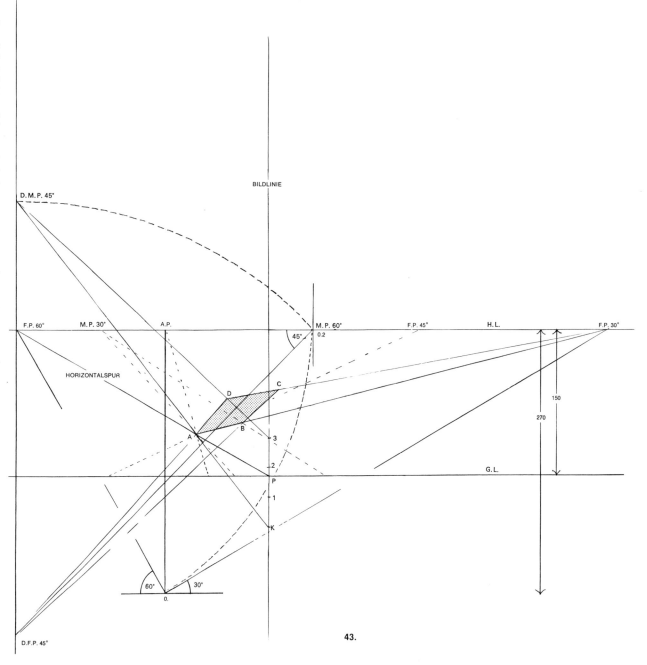

Durchsichtblatt

ZEICHNUNG EINES WÜRFELS, DER MIT SEINER VORDERSEITE CDFJ IN EINER ANSTEIGENDEN EBENE LIEGT

44. Augenhöhe = 150 cm, Entfernung von der Bildebene B.E. = 270 cm.

Dieser Würfel ist auf dem Diagramm der vorhergehenden Seite aufgebaut. Hält man das Blatt gegen das Licht, so sieht man, daß die Fläche ABCD hier und dort die gleiche ist.

Da diese Fläche ABCD in einer absteigenden Ebene von 45° Neigung lag, müssen die rechtwinklig zu dieser Fläche stehenden anderen Flächen des Würfels sich in einer ansteigenden Ebene von 45° Neigung befinden.

Daher messen wir in O.2 einen Winkel von 45° über der Horizontlinie H.L. und verlängern seinen Schenkel bis zum Schnittpunkt mit der durch den Fluchtpunkt F.P. 60° gezogenen vertikalen Fluchtlinie.

Dann ziehen wir aus den Punkten ABCD Fluchtstrahlen zu diesem ansteigenden Fluchtpunkt A.F.P. und geben dadurch die Neigungsrichtung des Würfels an.

Um auf diesen Linien zu messen, brauchen wir den ansteigenden Meßpunkt A.M.P., den wir in der üblichen Weise finden, indem wir den Abstand vom A.F.P. bis zum Punkt O.2 als Radius für einen aus dem Fluchtpunkt geschlagenen Halbkreis benutzen. Wo dieser die vertikale Fluchtlinie schneidet, befindet sich der ansteigende Meßpunkt A.M.P. 45°.

Aus diesem Meßpunkt ziehen wir eine Gerade durch D bis zum Schnittpunkt mit der Bildlinie und tragen auf dieser Linie 3×30 cm nach oben ab.

Von dem so gefundenen Punkt kehren wir zum ansteigenden Meßpunkt zurück und finden so Punkt F auf der Geraden von D zum ansteigenden Fluchtpunkt A.F.P.

Eine Gerade von F zum linken Fluchtpunkt F.P. 30° gibt uns Punkt J auf der Geraden von C zum ansteigenden Fluchtpunkt A.F.P.

Ziehen wir nun noch die Linie von F zum absteigenden Fluchtpunkt D.F.P. 45°, so haben wir damit den Würfel gezeichnet.

NB. Die Fläche CDFJ ist zum Fluchtpunkt F.P. 30° gerichtet, während sie zum ansteigenden Fluchtpunkt A.F.P. 45° hin geneigt ist. Indem wir eine Linie durch diese beiden Fluchtpunkte ziehen, erhalten wir die Fluchtlinie der Ebene CDFJ.

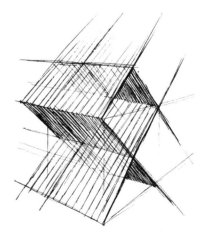

Durchsichtblatt

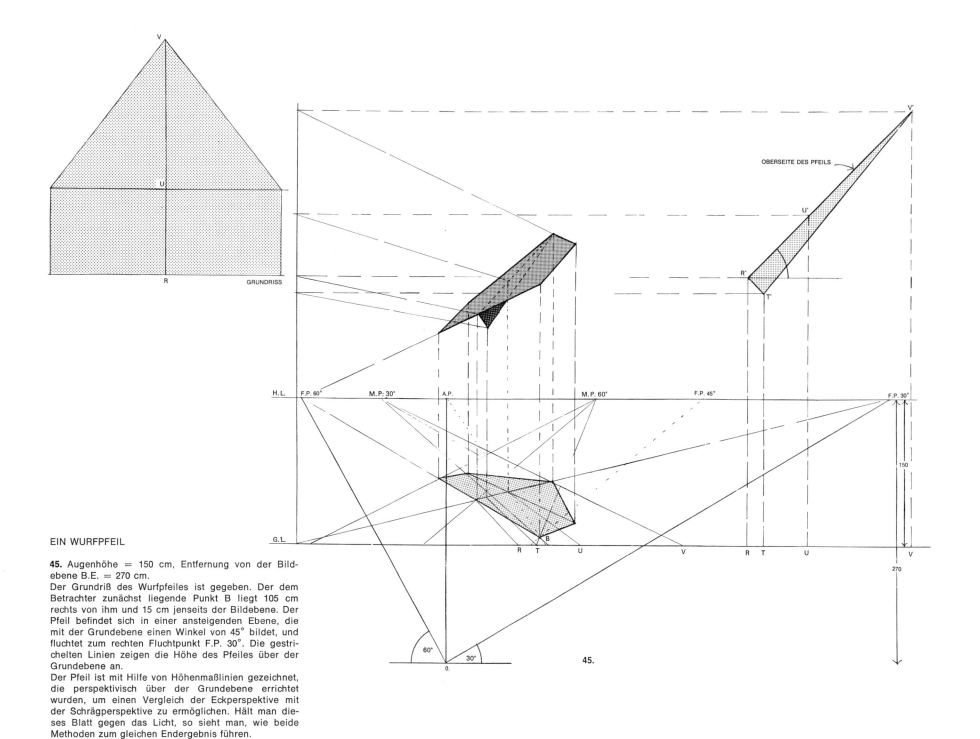

EIN WURFPFEIL

45. Augenhöhe = 150 cm, Entfernung von der Bildebene B.E. = 270 cm.
Der Grundriß des Wurfpfeiles ist gegeben. Der dem Betrachter zunächst liegende Punkt B liegt 105 cm rechts von ihm und 15 cm jenseits der Bildebene. Der Pfeil befindet sich in einer ansteigenden Ebene, die mit der Grundebene einen Winkel von 45° bildet, und fluchtet zum rechten Fluchtpunkt F.P. 30°. Die gestrichelten Linien zeigen die Höhe des Pfeiles über der Grundebene an.
Der Pfeil ist mit Hilfe von Höhenmaßlinien gezeichnet, die perspektivisch über der Grundebene errichtet wurden, um einen Vergleich der Eckperspektive mit der Schrägperspektive zu ermöglichen. Hält man dieses Blatt gegen das Licht, so sieht man, wie beide Methoden zum gleichen Endergebnis führen.

Durchsichtblatt

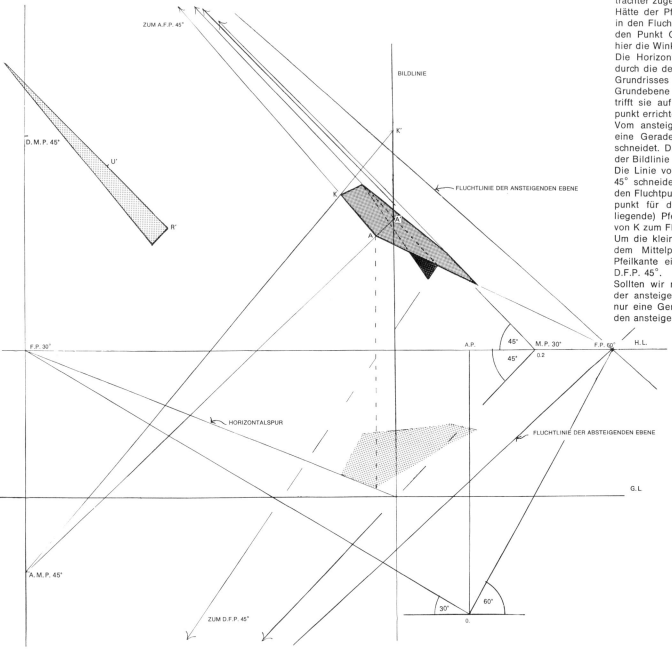

Die gestrichelte Linie zeigt, wie von der Grundebene ausgegangen wurde, um Punkt A auf der dem Betrachter zugekehrten Seite des Pfeiles zu finden.
Hätte der Pfeil flach gelegen, so wären seine Seiten in den Fluchtpunkt F.P. 30° gelaufen, daher haben wir den Punkt O.2 im Meßpunkt M.P. 30° und zeichnen hier die Winkel von 45° ein.
Die Horizontalspur H.S. verlängern wir so, daß sie durch die dem Betrachter zunächst liegende Seite des Grundrisses des Pfeiles verläuft, der sich auf der Grundebene befindet. In ihrer weiteren Verlängerung trifft sie auf die Grundlinie G.L. An diesem Schnittpunkt errichten wir die Bildlinie B.L.
Vom ansteigenden Meßpunkt A.M.P. 45° ziehen wir eine Gerade durch A, die die Bildlinie B.L. in A' schneidet. Die von A' bis K' abgetragene Strecke auf der Bildlinie ist gleich der Strecke R'U'.
Die Linie von K' zum ansteigenden Meßpunkt A.M.P. 45° schneidet den Fluchtstrahl von A zum ansteigenden Fluchtpunkt A.F.P. 45° in Punkt K. Um den Schnittpunkt für die vom Betrachter abgekehrte (entfernt liegende) Pfeilkante zu finden, ziehen wir eine Linie von K zum Fluchtpunkt F.P. 60°.
Um die kleine Leitfläche zu zeichnen, ziehen wir aus dem Mittelpunkt der dem Betrachter zugekehrten Pfeilkante eine Linie zum absteigenden Fluchtpunkt D.F.P. 45°.
Sollten wir noch den Wunsch haben, die Fluchtlinie der ansteigenden Ebene zu finden, so brauchen wir nur eine Gerade durch den Fluchtpunkt F.P. 60° und den ansteigenden Fluchtpunkt A.F.P. 45° zu ziehen.

Durchsichtblatt

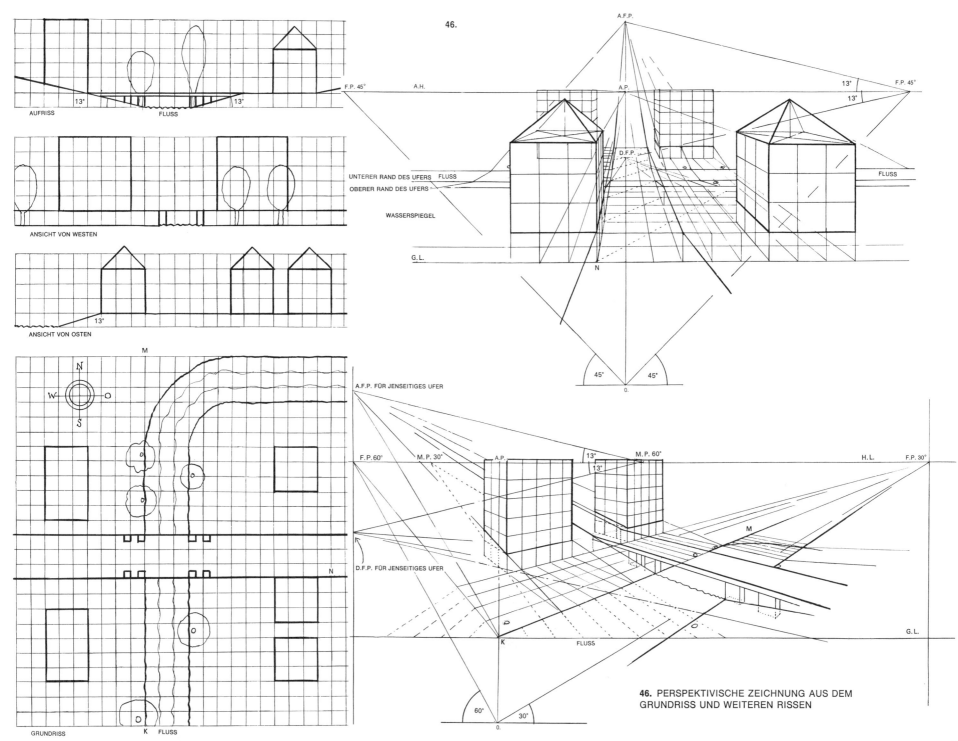

LANDSCHAFTSBILD, BLICK NACH WESTEN

LANDSCHAFTSBILD, BLICK NACH SÜDWESTEN

Hält man dieses Blatt gegen das Licht, so sieht man die umseitigen Konstruktionszeichnungen hindurchschimmern.

Durchsichtblatt

DER FLIEGENDE LÖWE

Für ein Fernsehmärchen der B.B.C. verwendete Konstruktion.

47. Zuerst finden wir die Mitte des Spielzeugtierchens. Nachdem wir uns über die Größe der Flügel klar geworden sind, zeichnen wir das Rechteck AHMG so, daß die Diagonalen seiner Basis die Mittellinien des Tieres schneiden (siehe gestrichelte Linie des nebenstehenden Bildes).

Aus den Ecken des Rechtecks AHMG ziehen wir die Höhensenkrechten bis zu den Punkten FJKL hoch und zeichnen dann eine Kurve innerhalb des Rechtecks AFLG. Die vorderen Flügelspitzen ordnen wir auf dieser Kurve an, wobei wir den Fluchtpunkt der Geraden AG und FL dazu benutzen, die dazu notwendigen Punkte auf der Kurve zu finden.

Den Fluchtpunkt für die Linien FJ und LK benutzen wir nun dazu, die vorderen Flügelspitzen dahin fluchten zu lassen. Diese Fluchtstrahlen schneiden eine innerhalb des Rechtecks HJKM gezeichnete Kurve.

Nun zeichnen wir strahlenförmige Linien aus den Kurvenschnittpunkten, und zwar für die vorderen Flügelspitzen zu Punkt C, für die hinteren Flügelspitzen zu Punkt C'. Wo die Flügel an den Körper des Tierchens stoßen, läßt sich eine kleine Kurve markieren. Die Linie CC' ist direkt unterhalb von BB' gelegen, die durch die Mitte des Rechtecks AHMG verläuft.

Zeichnungen für einen Trickfilm stellen einen vor viele Probleme, die sich durch die Kenntnis der Perspektive jedoch oft lösen lassen, besonders dann, wenn man kein Modell anfertigen kann.

Im vorliegenden Fall wurde jede Stellung des Flügelpaares skizziert und das Endergebnis dann aus Karton ausgeschnitten.

Für die Produktion wurde jedes Paar auf die Zeichnung aufgelegt und dann photographiert. Alle fünf Paare wurden so der Reihe nach benutzt und die Reihenfolge dann umgekehrt, um einen Schlag des Flügelpaares darzustellen. Dieser Vorgang wurde ständig wiederholt.

Auf einem gemalten Hintergrund wurde der ausgeschnittene Löwe für jede Flügelstellung ein wenig vorwärts bewegt. Die Mühe hatte sich gelohnt, denn im Fernsehen schien der Löwe realistisch von Baum zu Baum zu fliegen.

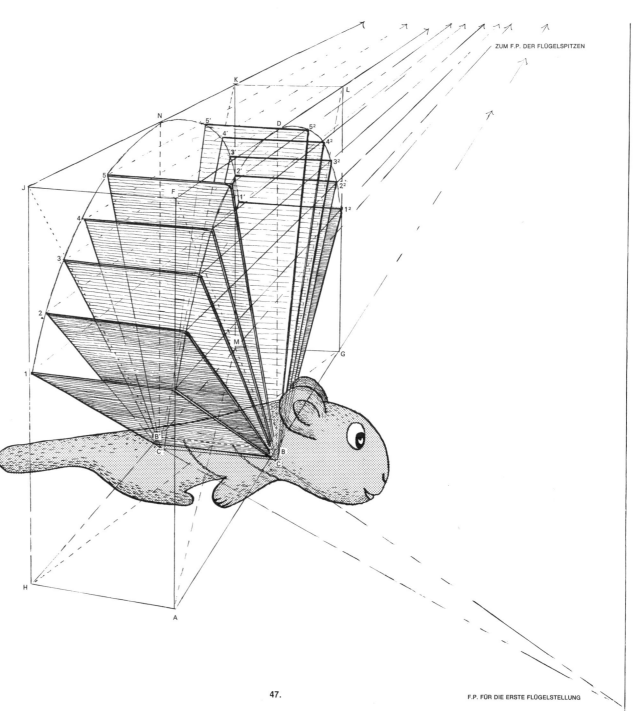

47. F.P. FÜR DIE ERSTE FLÜGELSTELLUNG

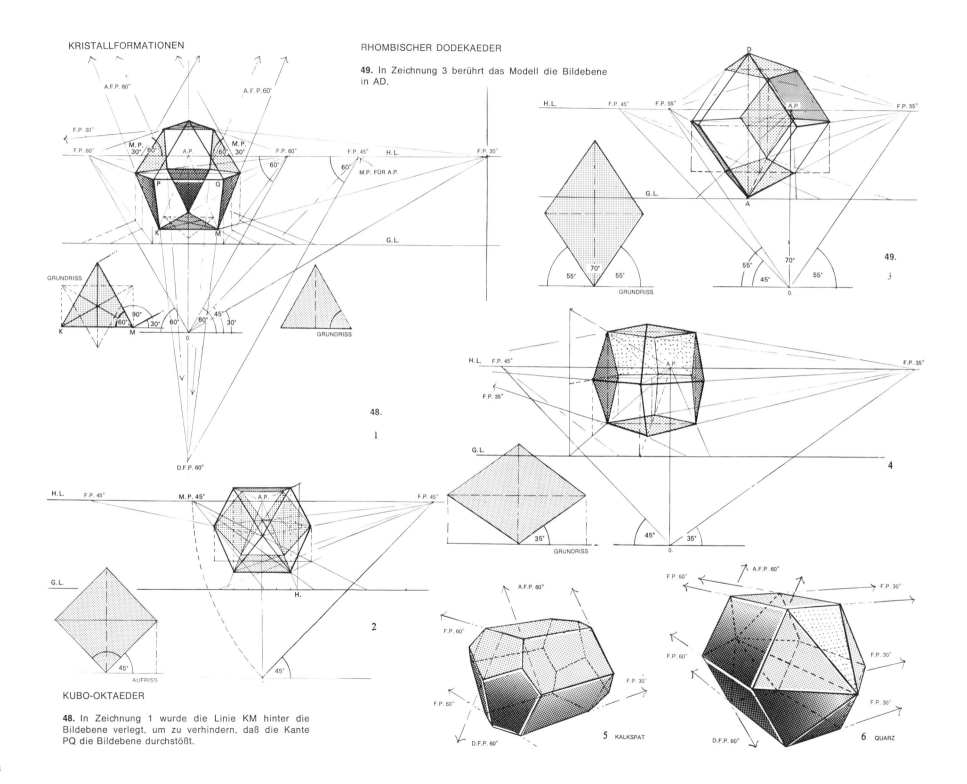

KRISTALLFORMATIONEN

RHOMBISCHER DODEKAEDER

49. In Zeichnung 3 berührt das Modell die Bildebene in AD.

KUBO-OKTAEDER

48. In Zeichnung 1 wurde die Linie KM hinter die Bildebene verlegt, um zu verhindern, daß die Kante PQ die Bildebene durchstößt.

5 KALKSPAT

6 QUARZ

SCHATTEN

Wenn eine Zeichnung flach zu erscheinen droht, kann man ihr durch hinzugefügte Schatten Tiefe verleihen.
Das Studium der Schatten wendet sich an die Beobachtungsgabe des Lernenden, besonders wo die Schatten Kontakt mit anderen Gegenständen haben. Der Schatten eines Vorbaus über einer Tür wirft den Umriß des Vorbaus auf die Wand, und Formen, die im Licht unbemerkt bleiben, können durch den Schattenwurf plötzlich deutlich werden.
Ein dunkler Himmel hinter einer Gebäudegruppe trägt zur Tiefenwirkung des Bildes bei, besonders wenn die Gebäude hellfarbig sind.
Kaminschatten auf Dächern sind sehr interessant, da man aus ihnen den Sonnenstand ersehen kann. Zeichnet man draußen, so verschwindet die Sonne häufig und damit auch die Schatten. Weiß man, wo die Sonne stand, so lassen sich die Schatten auch nachträglich hinzufügen.
Ist ein Dach naß oder ist die Spiegelung eines Kamins kräftiger als sein Schatten, wie das bei gleichzeitigem Regen und Sonnenschein im April wohl vorkommen mag, dann kann man Spiegelungen und Schatten gleichzeitig wahrnehmen.
Ein weiterer interessanter Anblick kann sich an einem kalten Morgen bieten, wenn die Sonne den Reif abgetaut hat. Dann bleibt der Reif nur in den schattigen Dachpartien liegen, so daß in diesem Fall die Schatten heller sind als die sonnenbeschienenen Flächen.
Ein Abendspaziergang im Laternenlicht gibt einem das Gefühl, als wanderten die Schatten mit. Geht man an einer hellen Laterne vorbei und nähert sich der nächsten, so bildet sich ein neuer Schatten durch das neue Licht, während der alte Schatten Schritt für Schritt zurückbleibt.
Es ist auch interessant, über ein Brückengeländer geneigt, die Schatten auf dem Wasserspiegel zu beobachten, sich dann aber ganz in den Anblick der Tiefe und der Spiegelungen zu versenken. Faßt man dann im Bild beide Eindrücke zusammen, so entsteht ein faszinierendes Ganzes.
Einfache Schatten lassen sich sogar Kindern erklären, und sie können im Zeichenunterricht lernen, solche Schatten darzustellen. Anders ist es mit Schatten auf geneigten Oberflächen. Diese sollten auch von fortgeschrittenen Zeichenschülern erst in Angriff genommen werden, wenn sie die Probleme der Schrägperspektive gemeistert haben.
Da die Sonne etwa 150 Millionen Kilometer von der Erde entfernt ist, können wir die uns erreichenden Lichtstrahlen als einander parallele Strahlen auffassen. Das Diagramm ganz oben auf unserer Seite macht das deutlich.
Schatten hängen von zwei Faktoren ab: Ihre Richtung wird von der Richtung bestimmt, aus der die Sonne scheint, während ihre Länge vom Sonnenstand abhängt. Zum Schattenzeichnen gehört die Kenntnis dieser beiden Faktoren.

DIE SONNE IN DER BILDEBENE

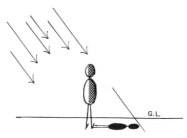

Nehmen wir an, die Sonne stünde rechts oder links von uns hoch oben am Himmel, und zwar in einer solchen Position, daß sie auf unserer Bildebene markiert werden könnte, wenn diese nur groß genug wäre. Dann würden ihre zur Erde gelangenden Strahlen unseren Schatten genau parallel zur Grundlinie auf den Boden werfen.

Wenn die Sonne im Westen steht, werden die Schatten von Gegenständen auf der Grundebene nach Osten weisen, und

wenn die Sonne im Osten steht, werden die Schatten nach Westen zeigen, und in beiden Fällen werden sie sich mit Hilfe eines Zeichendreiecks zeichnen lassen.

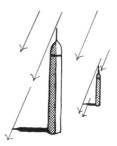

Steht die Sonne rechts sehr hoch am Himmel, so fallen ihre Strahlen sehr steil, und wir erhalten dementsprechend nur kurze, nach links fallende Schatten.

Steht die Sonne rechts sehr tief, so ist der Einfallswinkel der Strahlen nicht so steil, und die nach links zeigenden Schatten sind länger.

Bilden die Sonnenstrahlen mit der Grundebene einen Winkel von 45°, dann sind Objekthöhe und Schattenlänge einander gleich.

Wir haben gesehen, daß, wenn die Sonne sich in der Bildebene befindet, alle Schatten mit Hilfe eines Zeichendreiecks gezeichnet werden können, unabhängig davon, ob sich die Sonne rechts oder links von uns, hoch oder niedrig über dem Horizont befindet. Schattenzeichnen ist bei dieser Position der Sonne am einfachsten, und sogar Kinder können Schatten dieser Art in ihre Zeichnungen einfügen.

Hat das schattenwerfende Objekt einen komplizierteren Bau, so lassen sich an geeigneten Stellen Senkrechte ziehen. Die Endpunkte ihrer Schatten verbindet man und hat damit den Verlauf des Gesamtschattens gezeichnet.

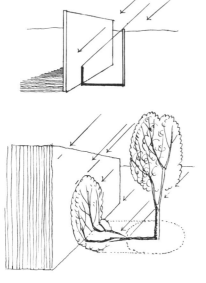

Wenn der Schatten einer Senkrechten auf eine senkrechte Fläche fällt, die sich im rechten Winkel zur Bildebene befindet, so erstreckt sich der Schatten auf dieser Fläche aufwärts bis zu dem Punkt, wo er durch einen einfallenden Sonnenstrahl abgeschnitten wird.

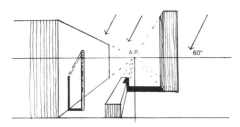

In der obigen Zeichnung befindet sich die Sonne in der Bildebene, und ihre Strahlen fallen von rechts in einem Winkel von 60° ein.

DIE SONNE STEHT VOR DEM BETRACHTER

Steht die Sonne vor dem Betrachter und jenseits der Bildebene, so fällt der Schatten des Betrachters hinter ihn. Alle Schatten weisen vom Horizont weg.

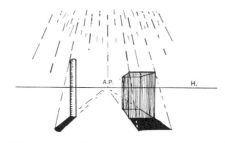

Befindet sich die Sonne direkt vor einem, so steht sie – unabhängig von ihrer Höhe – immer oberhalb des Augpunktes A.P., und die Richtung der von den Gegenständen geworfenen Schatten führt immer von diesem Punkt weg.

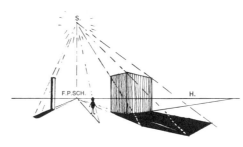

Steht die Sonne an einem beliebigen Ort jenseits der Bildebene, so läßt sich immer irgendwo am Horizont ein Punkt direkt unterhalb finden. Von diesem Punkt aus laufen die Schatten auf die Bildebene zu.
Dieser von einem lotrechten Strahl der Sonne getroffene Punkt am Horizont heißt FLUCHTPUNKT DER SCHATTEN F.P.SCH., denn alle Schatten von Vertikalen auf der Grundebene scheinen in ihm ihren Ausgangspunkt zu haben.

Da die Schatten von einem einzelnen Punkt am Horizont auszugehen scheinen, könnte man ebensogut sagen, sie liefen dort zusammen. Dementsprechend sind sie einander parallel. Zieht man eine Linie vom Fluchtpunkt der Schatten F.P.SCH. durch den unteren Endpunkt einer Senkrechten, so hat man die Richtung des Schattens gefunden. Ein Sonnenstrahl durch den oberen Endpunkt der Vertikalen gibt uns die Länge des Schattens – er schneidet den Schatten ab.

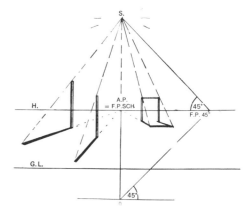

Im obigen Diagramm befindet sich die Sonne jenseits der Bildebene direkt oberhalb des Augpunktes A.P. in einer Höhe von 45°. Die Messung erfolgt im Fluchtpunkt F.P. 45°, d. h. in dem zum Augpunkt gehörigen Meßpunkt M.P. Ein lotrechter Sonnenstrahl trifft den Horizont im Fluchtpunkt der Schatten F.P.SCH., der in diesem Fall mit dem Augpunkt zusammenfällt.
Die Schatten verlaufen von diesem Punkt aus zur Bildebene und werden in ihrer Länge von den Sonnenstrahlen begrenzt.

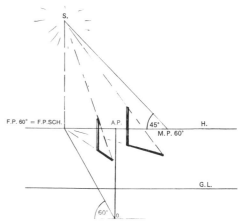

In diesem Diagramm befindet sich die Sonne jenseits der Bildebene B.E. ein wenig links vom Augpunkt A.P. in einem Winkel von 60°. Ihre Höhe von 45° wird vom Meßpunkt 60° aus gemessen.

DIE SONNE STEHT HINTER DEM BETRACHTER

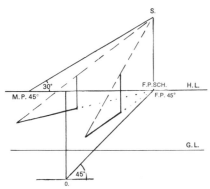

Hier steht die Sonne in einem Winkel von 45° rechts vom Betrachter. Ihre Höhe über dem Horizont beträgt 30°. Diese Höhe wird oberhalb der Horizontlinie im Meßpunkt M.P. 45° gemessen und der Winkel dann verlängert, bis er eine im Fluchtpunkt F.P. 45° errichtete Senkrechte schneidet. In diesem Punkt steht die Sonne.
Der Schatten des Pfostens verläuft aus der Richtung des Fluchtpunkts der Schatten vom Objekt aus vorwärts, und seine Länge wird von einem Sonnenstrahl begrenzt.

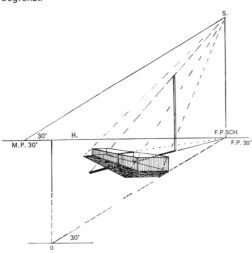

Das obige Diagramm zeigt, wie der von einem senkrechten Pfahl geworfene Schatten gezeichnet werden muß, der auf einen Gegenstand mit senkrechten Flächen trifft. Zuerst führen wir den Schatten an der senkrechten Fläche hoch, dann in der mit dem Fluchtpunkt der Schatten F.P.SCH. gebildeten Horizontalebene über den Gegenstand hinweg, die senkrechte Schattenseite des Gegenstandes hinunter und entlang der Grundebene bis zum Schnittpunkt mit dem durch den oberen Endpunkt des Pfahles gehenden Sonnenstrahl. Im obigen Diagramm steht die Sonne in einem Winkel von 30° rechts vom Betrachter, und ihre Höhe beträgt ebenfalls 30°.

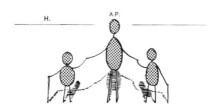

Da die Sonne so weit entfernt ist und ihre Strahlen als Parallelstrahlen angesehen werden, fluchtet der Schatten eines Menschen, der die Sonne direkt im Rücken hat, zu seinem eigenen Augpunkt.

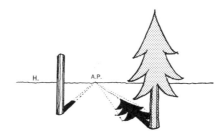

Die Schatten senkrechter Pfosten und Bäume usw. würden ebenfalls zum eigenen Augpunkt fluchten.
Wenn die Sonne hinter uns steht, können wir sie nicht auf dem Papier markieren, wohl aber können wir den Punkt markieren, in den die Schatten zu laufen scheinen. Das ist der Punkt, den wir finden und benutzen wollen.
Wir wissen, daß einander parallele Linien in einem Punkt zusammenzulaufen scheinen. Die wenigen Strahlen der Sonne, die auf die Erde treffen, laufen auch an einem Punkt zusammen, da sie Parallelstrahlen sind.

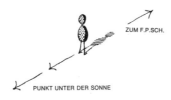

Steht die Sonne links hinter einem, so fallen die Schatten nach rechts, steht sie rechts hinter einem, so verlaufen die Schatten nach links.

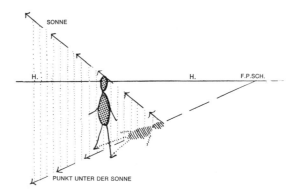

Mit der Sonne im Rücken zu unserer Linken verlängern wir den nach rechts laufenden Schatten in gerader Linie bis zum Schnittpunkt mit dem Horizont. Dieser Punkt ist der Fluchtpunkt der Schatten F.P.SCH. auf der Grundebene. Eine Verlängerung dieser Linie nach hinten durch unseren Schatten hindurch würde in Richtung auf die Sonne zielen.
Eine Linie vom Endpunkt unseres Schattens bis zum höchsten Punkt unseres Kopfes würde in ihrer Verlängerung direkt auf die Sonne zielen. Der von der Grundebene und dieser Linie gebildete Winkel gibt uns die Sonnenhöhe an. Diesen Winkel müssen wir messen können.

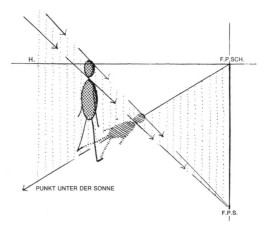

Die von der Sonne kommenden parallelen Strahlen gehen durch die höchsten Punkte der Gegenstände und die Endpunkte ihrer Schatten und laufen in einem Punkt unterhalb des Fluchtpunkts der Schatten F.P.SCH. zusammen. Dieser Punkt ist der FLUCHTPUNKT DER SONNENSTRAHLEN F.P.S., und wir finden ihn auf dem Papier **unter** dem Horizont.

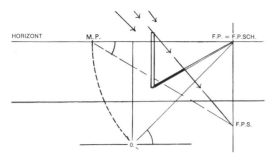

Wir erinnern uns, daß die Sonnenhöhe an dem zum Fluchtpunkt ihrer Richtung gehörenden Meßpunkt M.P. gemessen wurde. Diesen Meßpunkt wollen wir wieder benutzen. Anstatt den Winkel oberhalb des Horizonts zu messen, messen wir ihn dieses Mal unterhalb des Horizonts am Meßpunkt. Eine Linie vom Meßpunkt M.P. zum Fluchtpunkt der Sonnenstrahlen F.P.S. gibt uns den Einfallswinkel der Sonnenstrahlen.

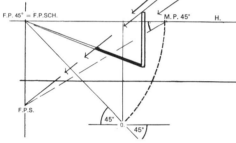

Hier steht die Sonne rechts hinter dem Betrachter in einem Winkel von 45° mit der Bildebene B.E. Ihre Höhe beträgt 30°. Die Schattenrichtung verläuft zum linken Fluchtpunkt F.P. 45° von der Sonne weg und mit einem Winkel von 30°, der im Meßpunkt M.P. 45° unterhalb der Horizontlinie H.L. angelegt wird. D Schenkel des Winkels schneidet das Lot aus dem Fluchtpunkt F.P. 45° im Fluchtpunkt der Sonnenstrahlen F.P.S. Ein Sonnenstrahl durch den Endpunkt des Pfostens bis zum F.P.S. beschneidet die Länge des Schattens.

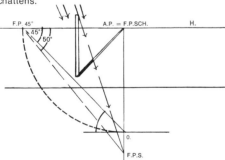

Hier steht die Sonne direkt hinter dem Betrachter, daher laufen die Schatten gegen den Augpunkt A.P. hin zusammen. Der zum Augpunkt gehörige Meßpunkt wird benutzt, in diesem Fall der Fluchtpunkt F.P. 45°. Die Sonnenhöhe beträgt hier 50°.

SCHATTEN AUF GENEIGTEN EBENEN

Schatten, die auf die flache Grundebene fielen, hatten ihre Fluchtpunkte auf dem Horizont oder auf der Horizontlinie, d. h. auf der Fluchtlinie der Ebene, auf welche die Schatten fielen.

Fällt der Schatten einer Vertikalen auf eine geneigte Ebene, so müssen wir die Fluchtlinie der geneigten Ebene finden, die den Schatten aufnehmen soll.

Um die Fluchtlinie einer geneigten Ebene zu finden, zieht man eine Gerade durch zwei ihrer Fluchtpunkte und verlängert diese Gerade in beiden Richtungen.

Ein senkrechter Strahl von der Sonne, der diese Fluchtlinie schneidet, gibt uns den Fluchtpunkt der Schatten auf dieser Ebene, und ein Sonnenstrahl durch den oberen Endpunkt des Objekts begrenzt die Länge des Schattens genauso wie in den vorhergehenden Beispielen.

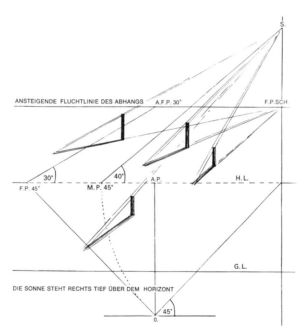

In diesem Diagramm stehen die Pfosten auf einer Ebene, die vom Betrachter weg in einem Winkel von 30° aufwärts fluchtet.

Die Sonne befindet sich niedrig über dem Horizont zur Rechten in einem Winkel von 45° mit der Bildebene B.E. Ihre Höhe beträgt 40°.

Wir ziehen einen lotrechten Sonnenstrahl auf die Fluchtlinie der geneigten Ebene und erhalten so den Fluchtpunkt der Schatten F.P.SCH. Von diesem Punkt durch die unteren Endpunkte der Pfosten gelegte Gerade geben uns die Schattenrichtungen, während durch die oberen Endpunkte fallende Sonnenstrahlen die Länge der Schatten bestimmen.

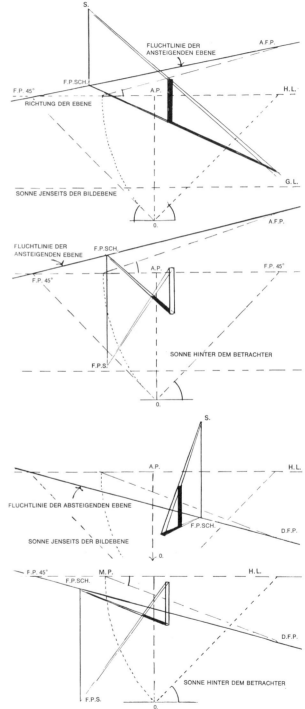

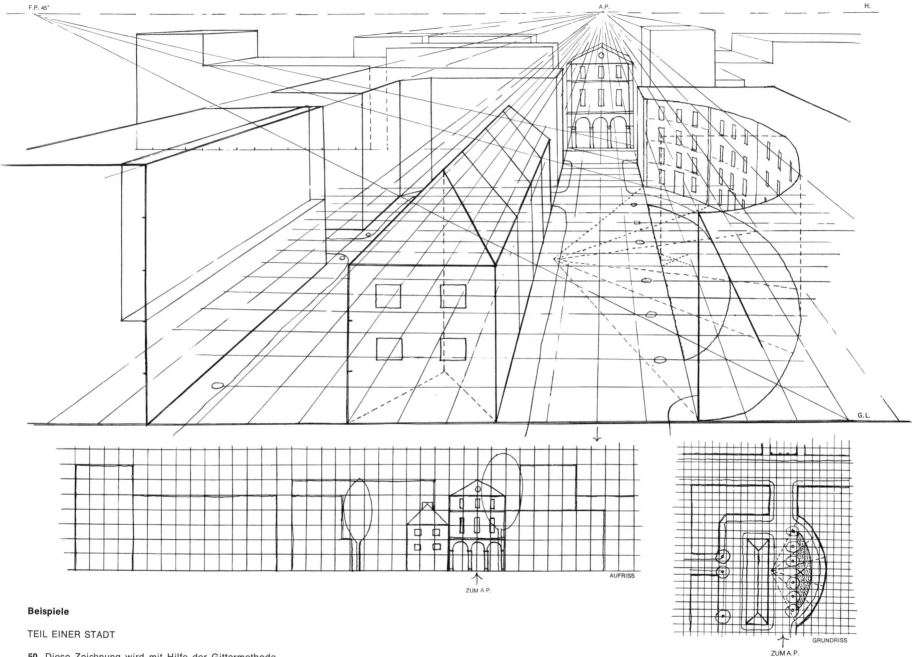

Beispiele

TEIL EINER STADT

50. Diese Zeichnung wird mit Hilfe der Gittermethode ausgearbeitet. Der linke Fluchtpunkt F.P. 45° ist gerade so weit entfernt, daß die vorderen Quadrate nicht verzerrt werden. Zur Übung sollte der Leser einen eigenen Grundriß entwerfen und Gebäude aufführen.

50.

Durchsichtblatt

DIE SONNE IN DER BILDEBENE

Die von links einfallenden Sonnenstrahlen bilden mit der Grundebene G.E. einen Winkel von 60°.

Durchsichtblatt

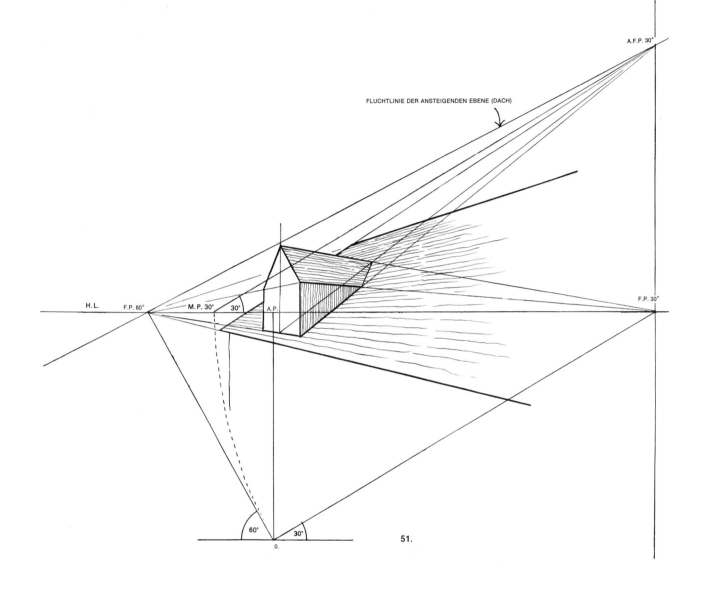

EIN STEHENDES DACHFENSTER

51. Fenster, Dach usw. sind nach den Regeln der Schrägperspektive gezeichnet. Hält man das Blatt gegen das Licht, so sieht man den Schatten des Dachfensters auf dem schrägen Hausdach.

Durchsichtblatt

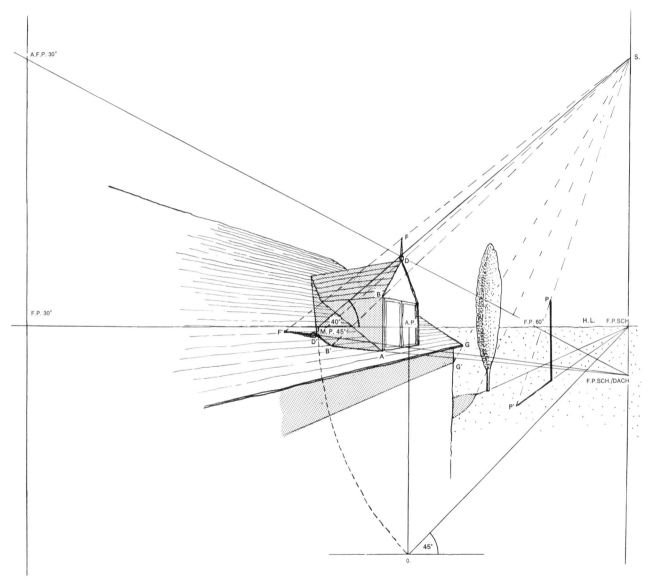

DIE SONNE BEFINDET SICH VOR DEM BETRACHTER

SCHATTEN EINES STEHENDEN DACHFENSTERS AUF DEM HAUSDACH

Die Sonne steht jenseits der Bildebene in einem Winkel von 45° rechts vom Betrachter. Ihre Strahlen bilden einen Winkel von 40° mit der Grundebene.

Die Fluchtlinie der ansteigenden Ebene des Daches verlängern wir so weit, daß sie von einem lotrechten Strahl der Sonne getroffen wird. Dadurch erhalten wir den Fluchtpunkt der Schatten auf dem Dach, d. h. jener Schatten, die von Vertikalen geworfen werden.

Aus diesem Fluchtpunkt der Schatten auf dem Dach ziehen wir eine Linie durch A am Fußpunkt der uns zunächst liegenden senkrechten Fensterkante und verlängern diese Linie weiter auf dem Dach. Ein Sonnenstrahl durch B gibt uns Punkt B' auf dieser Linie. B' ist einer der ersten Punkte für die Zeichnung des Schattens.

Als nächstes finden wir in der gleichen Weise den Schatten einer Vertikalen, die wir in der Mitte des Fensters gelotet haben. Von dem Fluchtpunkt der Schatten auf dem Dach aus ziehen wir eine Gerade durch den unteren Endpunkt des Mittellotes und weiter auf dem Dach, die wiederum von einem Sonnenstrahl durch die Fensterspitze geschnitten wird und uns so zu einem zweiten Punkt für die Schattenzeichnung auf dem Dach verhilft.

Ein Sonnenstrahl durch die Spitze der kleinen Stange auf dem Dachfenster schneidet die gleiche Gerade und gibt uns die Länge des Schattens dieser Stange auf dem Hausdach.

Von B' ziehen wir eine Linie bis zu diesem Spitzenschatten und eine weitere vom Spitzenschatten das Hausdach hinauf bis zum Schnittpunkt des Hausdaches mit dem First des Dachfensterdächleins. Damit ist der auf das Hausdach geworfene Schatten des Dachfensters vollendet.

Da die Dachkante am Giebelende nicht vorspringt, gibt uns ein durch die untere Dachecke gehender Sonnenstrahl einen Punkt an der Hauswand, von dem aus wir eine Linie längs der Hauswand zeichnen können, die in den Fluchtpunkt F.P. 60° läuft und die den von der Dachkante geworfenen Schatten begrenzt.

KAMINSCHATTEN AUF EINEM GENEIGTEN DACH

52. Augenhöhe = 480 cm, Entfernung von der Bildebene B.E. = 750 cm.

Die Sonne befindet sich jenseits der Bildebene B.E. Ihre Höhe beträgt 50°. Sie steht links vom Betrachter und bildet mit der Bildebene einen Winkel von 43°.
Wir finden zunächst die Position der Sonne auf dem Papier, indem wir so tun, als hätten wir Dach und Kamin schon gezeichnet.
Wir zeichnen an Punkt O. einen Winkel von 43° ein, um den Fluchtpunkt F.P. 43° auf der Horizontlinie H.L. links zu finden. Danach zeichnen wir den Meßpunkt M.P. 43° ein. In diesem Meßpunkt tragen wir den Höhenwinkel von 50° für den Sonnenstand ab und verlängern ihn bis zu der im Fluchtpunkt F.P. 43° errichteten Senkrechten. Der Schnittpunkt gibt uns die Position der Sonne.
Wir verlängern nun das Lot aus der Sonne durch den Fluchtpunkt F.P. 43° bis zum Schnittpunkt mit der verlängerten Geraden vom ansteigenden Fluchtpunkt A.F.P. 35° durch den Fluchtpunkt F.P. 60°. Der Schnittpunkt ist der Fluchtpunkt der Dachschatten, d. h. der von Vertikalen auf das Hausdach geworfenen Schatten.
Die Länge dieser Schatten wird durch die einfallenden Sonnenstrahlen bestimmt.
Zeichnen wir z. B. den Schatten der Linie DA. Vom Fluchtpunkt der Dachschatten ziehen wir dazu eine Linie durch A und das Dach hinauf bis zu dem Punkt, wo ein Sonnenstrahl durch D diese Linie schneidet. Der Punkt D' begrenzt die Länge des Schattens.
Nun finden wir den Schatten der Senkrechten F.
Wir ziehen eine Gerade von A längs der Schnittlinie von Dachebene und Kaminseite in Richtung auf den ansteigenden Fluchtpunkt A.F.P. 35° der Dachebene, welche die Senkrechte aus F im Punkt B schneidet.
Wir tun dies, weil die Senkrechte aus F die Dachebene in Wirklichkeit auf der von uns abgewandten Seite des Daches schneidet, also auf der absteigenden Ebene jenseits des Firstes. Indem wir der Schnittlinie von A aus folgen, erhalten wir Punkt B auf der uns zugewandten Seite des Daches und können den von FB geworfenen Schatten genau so zeichnen wie den Schatten von DA.
Eine Gerade aus dem Fluchtpunkt der Dachschatten, die durch B führt, wird in ihrer Verlängerung von einem Sonnenstrahl in F' geschnitten. Somit ist F'B' der Schatten für FB.
Indem wir eine Linie durch D' und F' ziehen, erhalten wir den Schatten für die Horizontale DF.

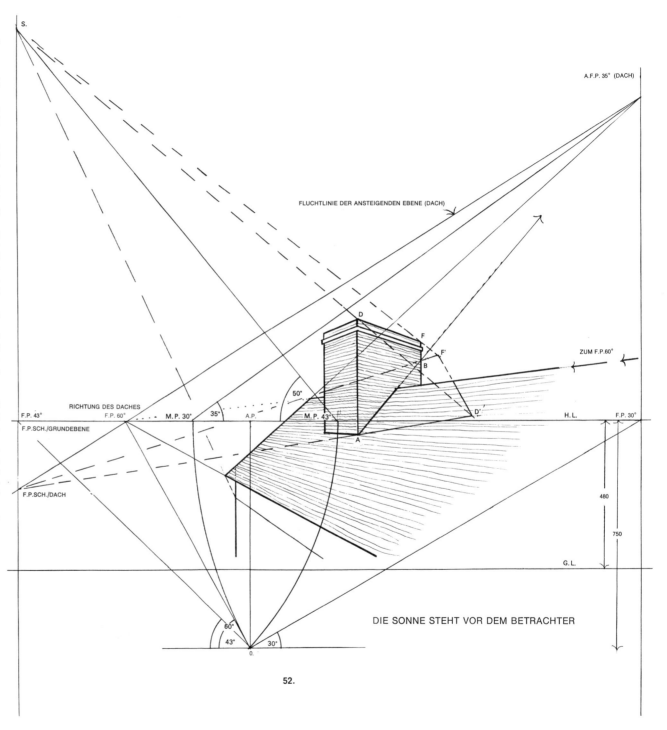

52.

DIE SONNE STEHT VOR DEM BETRACHTER

Durchsichtblatt

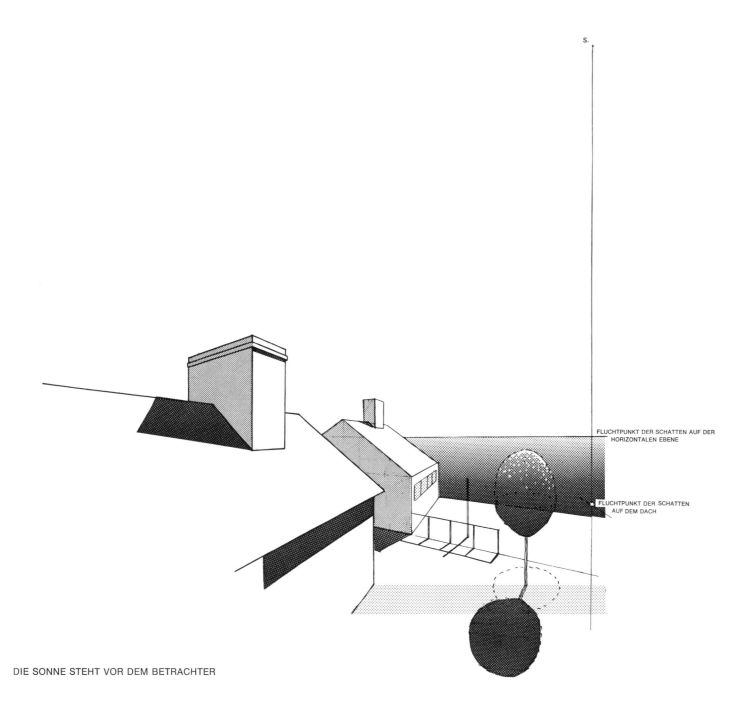

DIE SONNE STEHT VOR DEM BETRACHTER

FLUCHTPUNKT DER SCHATTEN AUF DER HORIZONTALEN EBENE

FLUCHTPUNKT DER SCHATTEN AUF DEM DACH

Durchsichtblatt

SCHATTEN EINER GENEIGTEN STANGE

53. Augenhöhe = 172,5 cm, Entfernung von der Bildebene B.E. = 285 cm.

Die Sonne steht ein wenig rechts in einem Winkel von 15° hinter dem Betrachter, daher laufen die Schatten in den linken Fluchtpunkt F.P. 75° (75 + 15 = 90). Das ist der Fluchtpunkt der Schatten.
Die Sonnenhöhe beträgt 45°; sie wird unterhalb der Horizontlinie H.L. im Meßpunkt M.P. 75° gemessen und der Winkel bis zum Schnittpunkt mit der aus dem F.P.SCH. geloteten Senkrechten verlängert. Der Schnittpunkt ist der Fluchtpunkt der Sonnenstrahlen F.P.S.
Die gekippte Stange FD lehnt an einem Gebäude, das unter einem Winkel von 30° nach rechts fluchtet. P ist der Punkt, an dem die Stange die untere Dachkante berührt. Zwischen D und P können wir aus einem beliebigen Punkt A das Lot fällen.
Wir zeichnen nun den Schatten dieses Lotes, das den Boden in A' berührt. Wir führen A' zum Fluchtpunkt der Schatten F.P.SCH. auf der Horizontlinie zurück.
Ein Sonnenstrahl durch A zum Fluchtpunkt der Sonnenstrahlen F.P.S. schneidet die Linie von A' zum F.P.SCH. in B.
Wir verlängern DB bis zur Wand und an der Wand hinauf bis P und haben damit den Schatten von DP gezeichnet.
Der Rest dieses Schattens liegt auf dem Dach, daher brauchen wir nunmehr die Fluchtlinie der Dachebene.
Eine im Fluchtpunkt der Sonnenstrahlen F.P.S. errichtete Senkrechte gibt uns im Schnittpunkt mit der Fluchtlinie der Dachebene den Fluchtpunkt aller von Vertikalen auf das Dach geworfenen Schatten.
Nun brauchen wir noch eine Vertikale. Wir ziehen eine Gerade von P zum ansteigenden Fluchtpunkt A.F.P. 40° des Daches und fällen das Lot aus F, welches diese Gerade in F' schneidet.
Der Schatten der Senkrechten FF' ist eine Linie von F' zum ansteigenden Fluchtpunkt der Schatten auf dem Dach. Ein Sonnenstrahl durch F zum Fluchtpunkt der Sonnenstrahlen F.P.S. schneidet diese Linie in J.
Die Gerade von J zu P gibt uns den Schatten der Linie PF auf dem geneigten Dach, und damit haben wir den Schatten der gesamten Stange gezeichnet.
Wo immer der Schatten einer geneigten Linie auf das Dach fällt, wird er in der gleichen Weise gezeichnet.
Die Strahlen zum Fluchtpunkt der Sonnenstrahlen F.P.S. sind gestrichelt gezeichnet.
Die Stange MN steht senkrecht. Wir ziehen daher eine Linie von N zum Fluchtpunkt der Schatten F.P.SCH. auf der Horizontlinie H.L. Diese Linie führt bis zur Hauswand und senkrecht an ihr hoch bis zur Dachkante. Von dort läuft sie in den Fluchtpunkt der Dachschatten. Die Länge dieses Schattens wird von einem Sonnenstrahl begrenzt, der durch M in den Fluchtpunkt der Sonnenstrahlen F.P.S. läuft.

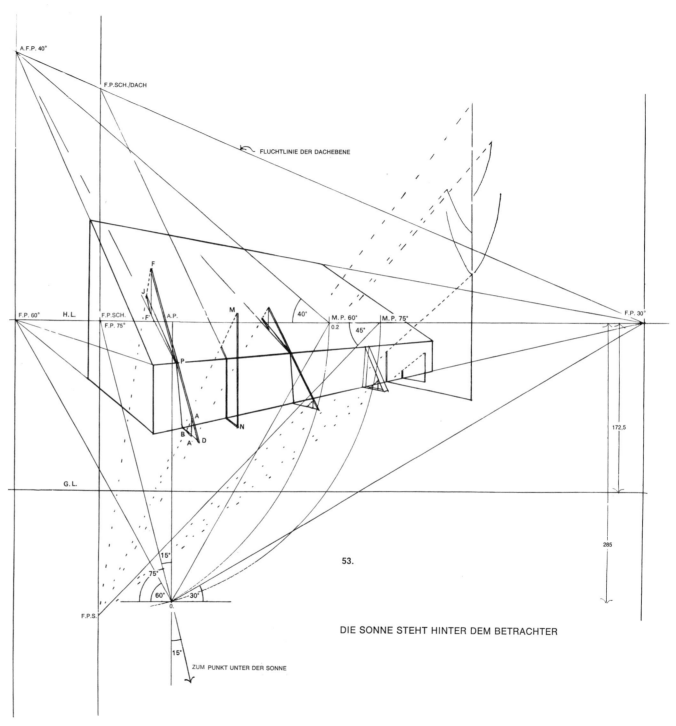

DIE SONNE STEHT HINTER DEM BETRACHTER

Durchsichtblatt

DIE SONNE STEHT HINTER DEM BETRACHTER

EINE BOGENREIHE

54. Augenhöhe = 135 cm, Entfernung von der Bildebene B.E. = 285 cm.

Die Sonne steht rechts hinter dem Betrachter in einem Winkel von 42° mit der Bildebene B.E. Ihre Strahlen bilden einen Winkel von 45° mit der Grundebene G.E. Die Schatten fluchten daher in einem Winkel von 42° nach links. Den Fluchtpunkt der Sonnenstrahlen F.P.S. erhalten wir mit Hilfe des Meßpunktes M.P. 42°, indem wir den Winkel von 45° unterhalb der Horizontlinie H.L. abtragen.

Wir beginnen mit der senkrechten Kante AB des mittleren Bogens und führen B zum Fluchtpunkt der Schatten F.P.SCH. zurück, bis diese Linie die entfernte Wand desselben Bogens berührt. Von da ziehen wir sie senkrecht hoch bis zum Schnittpunkt mit einem Strahl aus A zum Fluchtpunkt der Sonnenstrahlen F.P.S. Auf diese Weise erhalten wir Punkt A′.

Oberhalb von A wird der Schatten nicht mehr von einer Vertikalen, sondern von einer Kurve geworfen.

Um Schatten von Kurven zu zeichnen, wählt man schattenwerfende Punkte auf der Kurve und fällt aus ihnen das Lot bis zum Grund. Die Anzahl der benötigten Punkte ist verschieden, je nachdem wie kompliziert die schattenwerfende Kurve ist. Für eine einfache Kurve braucht man wenige Punkte.

Für die Schattenzeichnung des mittleren Torbogens wurden die Punkte D, F und G gewählt. Aus diesen Punkten fällen wir das Lot bis zum Grund und führen den Schatten zurück bis zur Berührung mit der Wand.

Jeder dieser Schatten wird dann an der Wand hochgeführt bis zum Schnittpunkt mit einem Strahl aus dem betreffenden Kurvenpunkt zum Fluchtpunkt der Sonnenstrahlen F.P.S. Mit anderen Worten: Wir fällen das Lot aus D bis zum Grund, ziehen von dort eine Linie in Richtung des Fluchtpunktes der Schatten F.P.SCH. bis zur Wand und verlängern diese Linie senkrecht aufwärts auf dieser Wand bis zum Schnittpunkt mit einem Strahl aus D zum Fluchtpunkt der Sonnenstrahlen F.P.S. Dieser Schnittpunkt ist der Punkt D′.

Genauso verfahren wir mit Punkt F.

Nachdem wir die Linie aus G senkrecht abwärts, dann bis zur Wand und danach auf der Wand hochgezogen haben, um zum Schnittpunkt mit dem Strahl aus G zu gelangen, stellen wir fest, daß die Wandoberfläche kurz vor diesem Schnittpunkt eine Kurve zu beschreiben beginnt. Wir können diese Linie daher nicht weiter senkrecht hochziehen — wie von der gestrichelten Linie dargestellt — sondern müssen der Kurve der Wand folgen.

Kommt ein Schatten mit einer vertikalen Ebene in Berührung, so wird er daran senkrecht hochgeführt, fällt er aber auf eine Kurve, so folgt er der Richtung der gekrümmten Oberfläche.

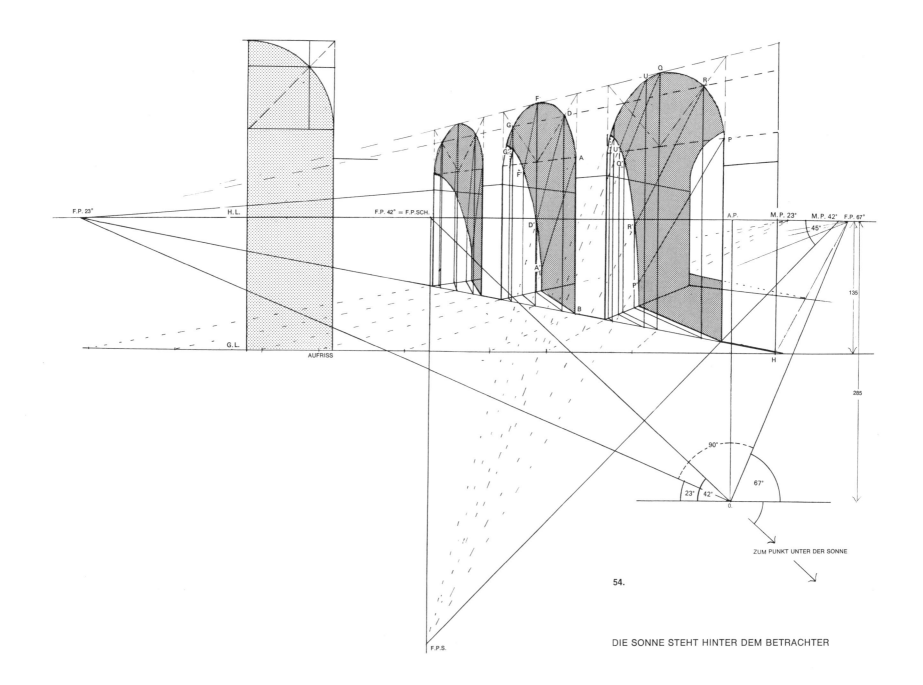

54.

DIE SONNE STEHT HINTER DEM BETRACHTER

SCHATTEN AUF EINER GEKRÜMMTEN OBERFLÄCHE

55. Augenhöhe = 247,5 cm, Entfernung von der Bildebene B.E. = 442,5 cm.

Wir haben die Schatten gezeichnet, die vom Zylinder und der Latte auf den Boden fallen. Nun suchen wir den von der Latte auf den Zylinder geworfenen Schatten.
Der Schatten des Punktes B fällt in B′ auf den Boden. Die aus B′ zum Bodenschatten der Latte zurückgeführte Linie schneidet diesen Schatten in BP.
Ein vom Fluchtpunkt der Sonnenstrahlen F.P.S. gezogener Strahl durch BP schneidet eine aus dem Punkt B längs dem Zylinder gezogene Linie in BS. BS ist der eine zur Schattenzeichnung benötigte Punkt.
In der gleichen Weise zeichnen wir Punkt D′ als Schatten des Punktes D, finden DP, ziehen einen Strahl vom Fluchtpunkt der Sonnenstrahlen F.P.S. durch DP, der eine aus D kommende Mantellinie des Zylinders in DS schneidet.
Die Methode, Schnittpunkte von Schatten zu nutzen, ist sehr zu empfehlen, doch beginne man dabei stets mit den Bodenschatten.

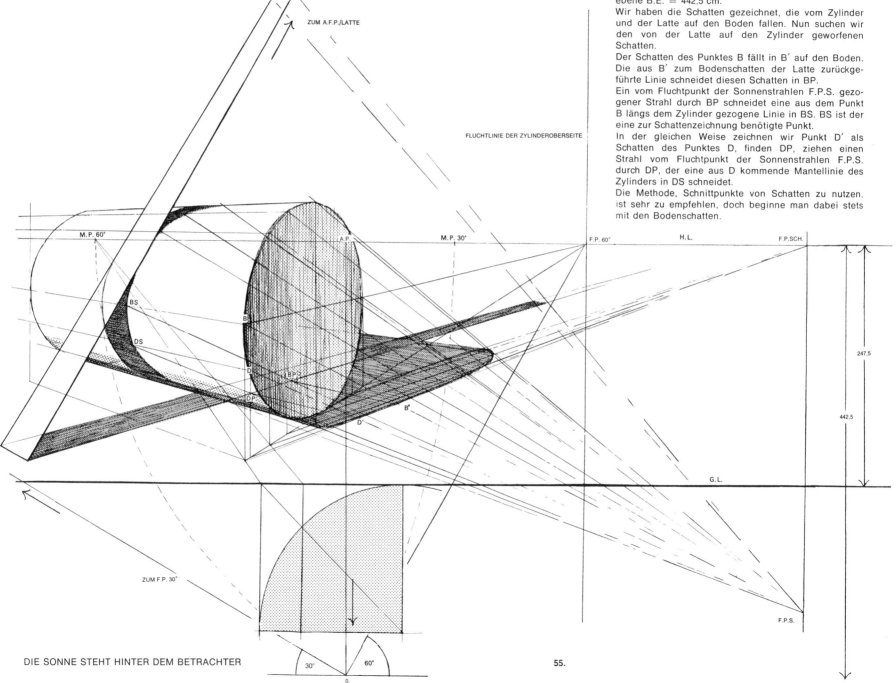

DIE SONNE STEHT HINTER DEM BETRACHTER

55.

KÜNSTLICHES LICHT

Werden Schatten von irgendeiner künstlichen Lichtquelle geworfen, so läßt sich immer ein Punkt auf der Grundebene direkt unter der Lichtquelle finden, von dem aus die Schatten **strahlenförmig** ausgehen.
Ein senkrechter Strahl aus der Lichtquelle begrenzt die Länge dieser Schatten.

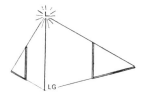

Jede Vertikale wird dabei getrennt behandelt. Der von ihr geworfene Schatten wird gefunden, indem man eine Richtungsgerade aus dem unter der Lichtquelle befindlichen Punkt auf der Grundebene durch die Basis des Objekts zieht und einen Strahl von der Lichtquelle durch die Spitze des Objekts. Der Schnittpunkt begrenzt den Schatten.

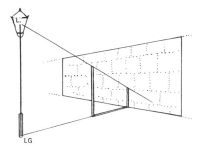

Trifft der Schatten einer Vertikalen auf eine senkrechte Oberfläche, so wird er daran lotrecht hochgeführt bis zum Schnittpunkt mit einem Strahl aus der Lichtquelle, der ihn abschneidet.

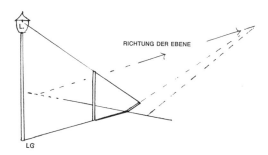

Trifft der Schatten auf eine ansteigende Ebene, so wird er in Richtung dieser Ebene hochgeführt.

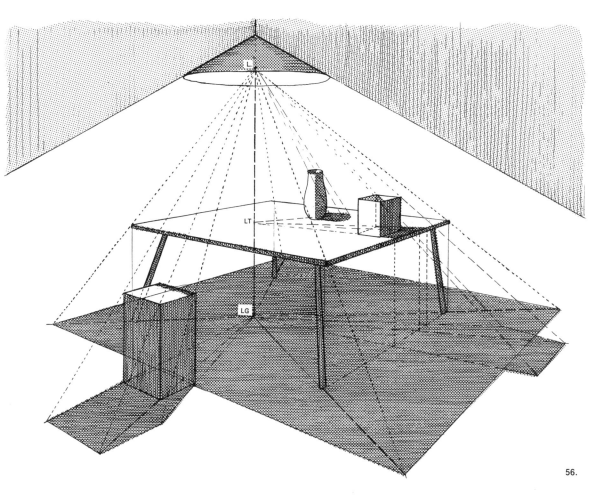

56.

Beispiele

EIN EINFACHES INTERIEUR

56. Als Anwendungsbeispiel für diese Regeln zeichnen wir ein einfaches Interieur. Der Punkt L ist die LICHTQUELLE, LG ist der unterhalb der Lichtquelle gelegene Punkt auf dem Grund und LT der unterhalb der Lichtquelle gelegene Punkt auf dem Tisch.
Wo der Hocker den Schatten des Tisches schneidet, ist eine punktierte Linie zur Hockeroberfläche hinaufgezogen und dann parallel zum Bodenschatten des Tisches weitergeführt; sie läuft also in den gleichen Fluchtpunkt.

57.

DURCH KÜNSTLICHES LICHT ERLEUCHTETER HAUSEINGANG

57. Die Lichtquelle hängt ziemlich tief, damit die Schatten im Interesse der Anschaulichkeit recht lang werden.

Von der hängenden Lichtquelle fällen wir das Lot bis zum Grund und erhalten so LG.

Was die Richtung der von Vertikalen geworfenen Schatten anbelangt, so gehen sie strahlenförmig von diesem Punkt LG aus, und wo sie auf vertikale Flächen treffen, laufen sie senkrecht daran hinauf.

Wir ziehen den Schatten der ersten Geländerstange A vom Punkt LG bis zur Grundlinie der ersten Stufe. Von da ziehen wir ihn senkrecht hoch und weiter auf der Oberfläche der ersten Stufe.

Diese Schattenlinie auf der Trittfläche der ersten Stufe geht aber nicht von LG aus, sondern von einem Punkt, der um soviel oberhalb von LG liegt, wie die Höhe der ersten Stufe beträgt. Es muß also die Höhe einer jeden Stufe oberhalb LG abgetragen werden. Dazu benutzen wir die punktierten Linien, die in Höhe einer jeden Stufe längs der Hauswand gezogen sind. Sie geben das Höhenmaß an, von dem gestrichelte Linien zum Lot aus L verlaufen.

Der verlängerte Lichtstrahl von L durch A trifft auf den auf der Oberfläche der ersten Stufe liegenden Schatten in A′ und begrenzt damit den Schatten der ersten Geländerstange.

Die Schatten der Geländerstangen B, C und D gehen ebenfalls strahlenförmig von dem Punkt unterhalb der Lichtquelle aus, der sich in Höhe der ersten Stufe befindet. B′ wird gefunden, indem wir den Lichtstrahl durch B so weit verlängern, daß er den vom unteren Endpunkt von B ausgehenden Schatten schneidet.

Die Schatten von C und D ziehen wir senkrecht an der Vorderseite der zweiten Stufe hoch. Ihr weiterer Verlauf auf der Trittfläche wird durch die gestrichelten Linien bestimmt, die strahlenförmig von dem Punkt oberhalb LG ausgehen, der der Höhe der zweiten Stufe entspricht. Ihre Länge wird von den Lichtstrahlen beschnitten, die von L durch C und D fallen.

Sind die Schatten einer jeden Geländerstange gezeichnet, so werden ihre Endpunkte verbunden, um den Schatten der Handleiste zu erhalten. Der Handleistenschatten auf der obersten Stufe wird zum Schluß noch bis zum Punkt G, dem Ausgangspunkt der Handleiste an der Hauswand, verlängert.

DAS STRAHLENBÜSCHEL

Viel Überlegung ist notwendig, wenn man eine Zeichnung beginnen will. Nicht nur die Lage der Zeichnung auf dem Papier, sondern auch die Position des Zeichnenden muß berücksichtigt werden.

Hat man sich für die Lage des Augpunktes A.P. entschieden, so dürfen allzuweit links oder rechts liegende Objekte nicht mit einbegriffen werden, da sie außerhalb der Blicklinie gelegen sein können.

Das Strahlenbüschel muß Berücksichtigung finden, da sonst die Bildmitte natürlich erscheinen wird, während die Gegenstände am Rande Verzerrungen erleiden.

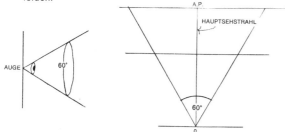

Ein Winkel von 60° wird als Maximum angesehen, innerhalb dessen Gegenstände noch gezeichnet werden können. Das bedeutet, daß der Betrachter mindestens anderthalb mal so weit von dem höchsten Gebäude, das er zu zeichnen wünscht, entfernt sein muß, wie die Höhe dieses Gebäudes beträgt.

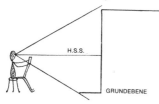

Aus dem obigen Diagramm wird ersichtlich, daß nur ein kleiner Teil des Vordergrundes innerhalb des Strahlenbüschels liegt.

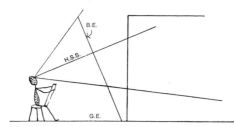

Beim Zeichnen von Einzelheiten blickt man natürlich mal aufwärts, mal abwärts und faßt dieses oder jenes schärfer ins Auge. Zeichnet man jedoch mit zurückgelegtem Kopf, so bildet die Bildebene mit der Grundebene einen Winkel, der dem Neigungswinkel des Kopfes entspricht.

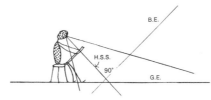

Dasselbe tritt beim Hinabblicken bei vorwärts geneigtem Kopf ein. Der Hauptsehstrahl H.S.S. bildet in beiden Fällen einen rechten Winkel mit der Bildebene.

Oft lassen sich komplizierte Probleme jedoch mit einfachen Methoden lösen.

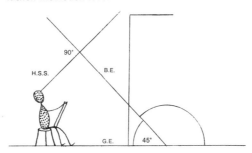

Zum Beispiel könnte man die Bildebene als eine feststehende Ebene und die Grundebene als eine absteigende Ebene betrachten, wenn man mit zurückgelegtem Kopf zeichnet.

Das würde sich von der Seite gesehen so ausnehmen —

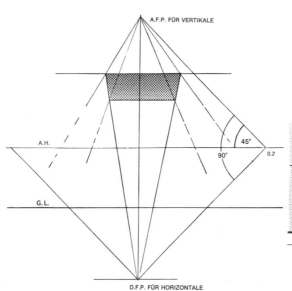

und von vorne wie im obigen Diagramm.

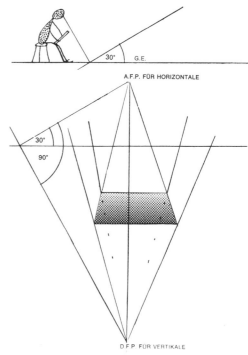

Ebenso wird bei vorwärts geneigtem Kopf aus der Grundebene eine ansteigende Ebene.

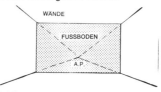

Blickt der Zeichnende direkt über oder unter sich, so werden Linien, die beim Vorwärtsblicken senkrecht waren, nun in den Augpunkt laufen, während horizontale Linien zu vertikalen werden.

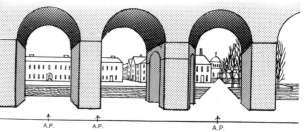

Auch eine Panoramazeichnung verlangt Überlegung, denn der Augpunkt A.P. muß auf dem Papier entsprechend der Kopfbewegung des Zeichnenden von links nach rechts oder umgekehrt weitergerückt werden, um den erwünschten Effekt zu erzielen.

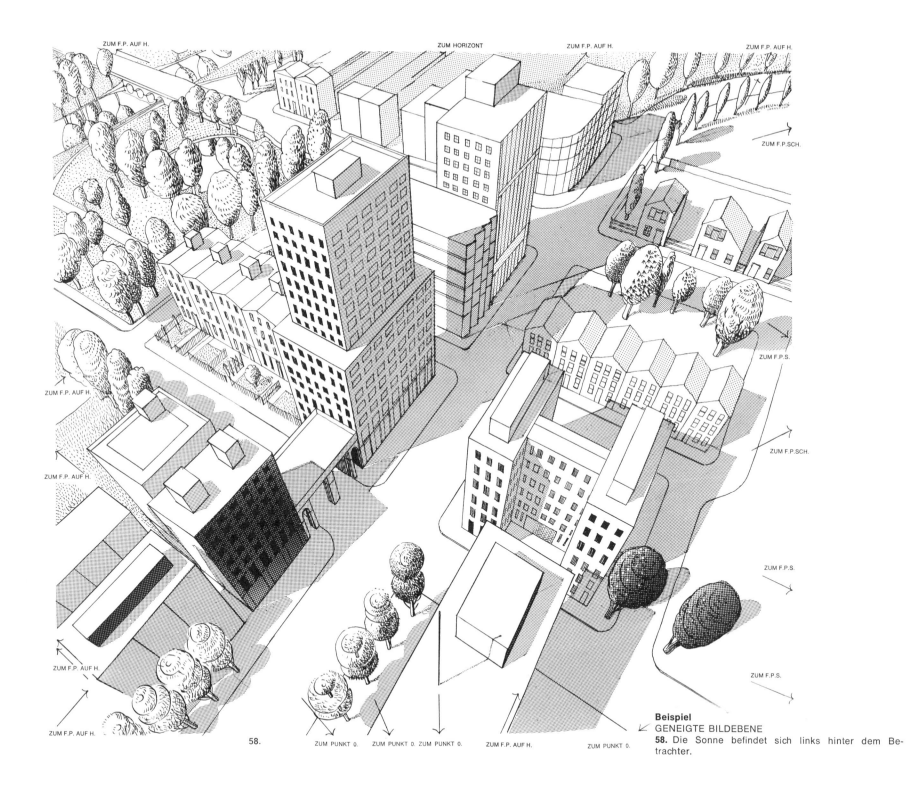

Beispiel
GENEIGTE BILDEBENE
58. Die Sonne befindet sich links hinter dem Betrachter.

SPIEGELUNGEN

Beispiele

IN ORTHOGONALPROJEKTION GEZEICHNETE SPIEGELUNG

59. Augenhöhe = 142,5 cm, Entfernung von der Bildebene B.E. = 255 cm.

Bei dieser Methode, wie bei allen Orthogonalprojektionen, wird der Grundriß in seine Lage über der Horizontlinie gebracht. Dabei liegt Punkt A 90 cm rechts vom Betrachter und 90 cm jenseits der Bildebene.

Da der Einfallswinkel dem Reflexionswinkel entspricht, ist der Grundriß des Spiegelbildes so gezeichnet wie aus dem Diagramm hervorgeht.

Die Aufgabe besteht nun darin, das Rechteck, den Spiegel und das Spiegelbild perspektivisch richtig zu zeichnen.

Wir zeichnen das Grunddiagramm in der üblichen Weise, finden die Fluchtpunkte und Punkt A, der hier als A^2 bezeichnet ist.

Nun werden aus allen Ecken des Grundrisses des Rechtecks und seiner Spiegelung Linien zum Punkt O. gezogen. Wo diese Linien auf die Horizontlinie H.L. treffen, fällen wir das Lot auf die Grundebene.

Die Linie von A führt durch A′ und weiter zu A^2. Ferner ziehen wir Horizontale, die die Vertikalen schneiden, während wir andere Linien in ihrem Verlauf zum Augpunkt A.P. nachziehen.

Eine von A^2 zur Spiegelkante gezogene Linie schneidet sie im Punkte P^2 und verläuft dann in den Fluchtpunkt F.P. 60°. Indem wir die Vertikalen und die Fluchtpunkte benutzen, finden wir alle Punkte, die wir zur perspektivischen Zeichnung brauchen.

Die Aufgabe, Reflexionen in einem Spiegel zu zeichnen, mag nicht oft an einen herantreten. Auch mag es oft schneller zum Ziel führen, einen Spiegel aufzustellen und das Objekt an die geeignete Stelle zu rücken, denn man kann es so lange hin- und herbewegen, bis der beabsichtigte Anblick zustande kommt.

Ein Radiergummi, vor einen Taschenspiegel gelegt, kann einem etwas von dem vermitteln, was man zu erzielen erwartet.

Hier wurde das Spiegelbild mit Hilfe der Orthogonalprojektion gezeichnet. Indem wir das Blatt gegen das Licht halten, erhalten wir einen Vergleich mit der perspektivischen Methode.

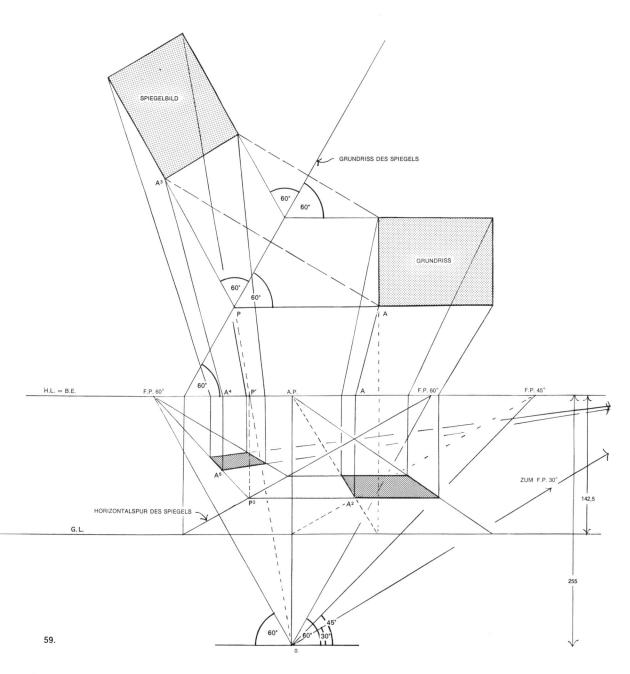

59.

Durchsichtblatt

IN ECKPERSPEKTIVE GEZEICHNETE SPIEGELUNGEN

60. Augenhöhe = 142,5 cm, Entfernung von der Bildebene B.E. = 255 cm.

Ein Rechteck von 90 × 120 cm liegt so auf der Grundebene G.E., daß sich die dem Betrachter zunächst liegende Ecke 90 cm links von ihm und 90 cm jenseits der Bildebene B.E. befindet.

Ein senkrechter Spiegel berührt die Bildebene B.E. in einem Punkt, der 112,5 cm rechts liegt, und läuft in den linken Fluchtpunkt F.P. 60°.

Mit Hilfe der perspektivischen Methode zeichnen wir zunächst die Spiegelspur und das Rechteck in der üblichen Weise. Der Einfallswinkel beträgt hier 60°, daher beträgt der Reflexionswinkel ebenfalls 60°.

Die Seiten des Rechtecks, die der Bildebene parallel verlaufen, werden bis zur Berührung mit dem Spiegel verlängert. Danach verlängern wir sie weiter bis zum Fluchtpunkt F.P. 60° jenseits des Spiegels.

Indem wir den Meßpunkt M.P. 60° benutzen, tragen wir die Entfernung AP des Grundrisses auf der Grundlinie G.L. vom Punkt Q nach rechts ab und erhalten R. Die aus diesem Punkt zum Meßpunkt 60° gezogene Linie gibt uns Punkt B. AP ist also gleich PB. Unter Verwendung des Fluchtpunktes F.P. 30° zeichnen wir nun die Spiegelung.

Sollten einem Zweifel kommen, so zeichne man zuerst einen kleinen Grundriß, aus dem man den Reflexionswinkel bestimmen kann.

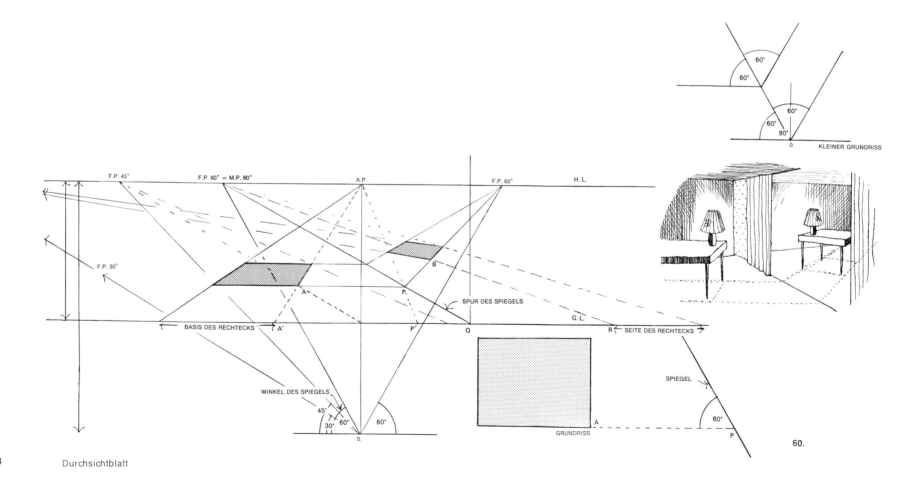

60.

SPIEGELUNG EINES GEKIPPTEN GEGENSTANDES

61. Augenhöhe = 180 cm, Entfernung von der Bildebene B.E. = 277,5 cm.

Das nebenstehende Diagramm zeigt einen Würfel, dessen eine Ecke die Grundebene G.E. berührt und der in einem Winkel von 30° nach rechts fluchtet. Seine Vorderseiten fluchten zum ansteigenden Fluchtpunkt A.F.P. 45° bzw. zum absteigenden Fluchtpunkt D.F.P. 45°.

Hält man dieses Blatt gegen das Licht, so sieht man die Spiegelung des Würfels.

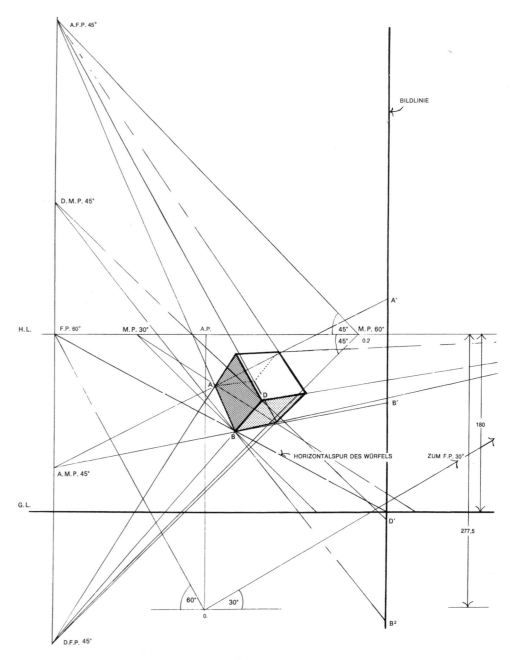

61.

Durchsichtblatt

SPIEGELUNG EINES GEKIPPTEN GEGENSTANDES IN EINEM SENKRECHTEN SPIEGEL

Die Horizontalspur der Spiegelkante fluchtet nach links in einem Winkel von 50°. Die senkrecht stehende Seite des Würfels liegt in einer Ebene, die in einem Winkel von 60° nach rechts fluchtet.
Durch die Zeichnung eines kleinen Hilfsplanes finden wir heraus, daß der Einfallswinkel 70° beträgt (60 + 50 + 70 = 180).
Indem wir den Reflexionswinkel auf dem Plan gleich 70° machen und eine Parallele zur Bildebene B.E. ziehen, finden wir, daß die bis zur Bildebene verlängerte Reflexionslinie einen Winkel von 20° bildet. Daher steht die senkrechte Fläche des sich spiegelnden Würfels in einer Ebene, die mit der Bildebene B.E. einen Winkel von 20° bildet.
Aus dem Berührungspunkt mit dem Spiegel ziehen wir Fluchtstrahlen zum F.P. 20°. Im Diagramm ist das dort gezeigt, wo die Winkel von 70° perspektivisch auf der Grundebene markiert sind.
Nun läßt sich der Würfel in der üblichen Weise zeichnen, wenn wir den Meßpunkt M.P. 20° zur Hilfe nehmen.

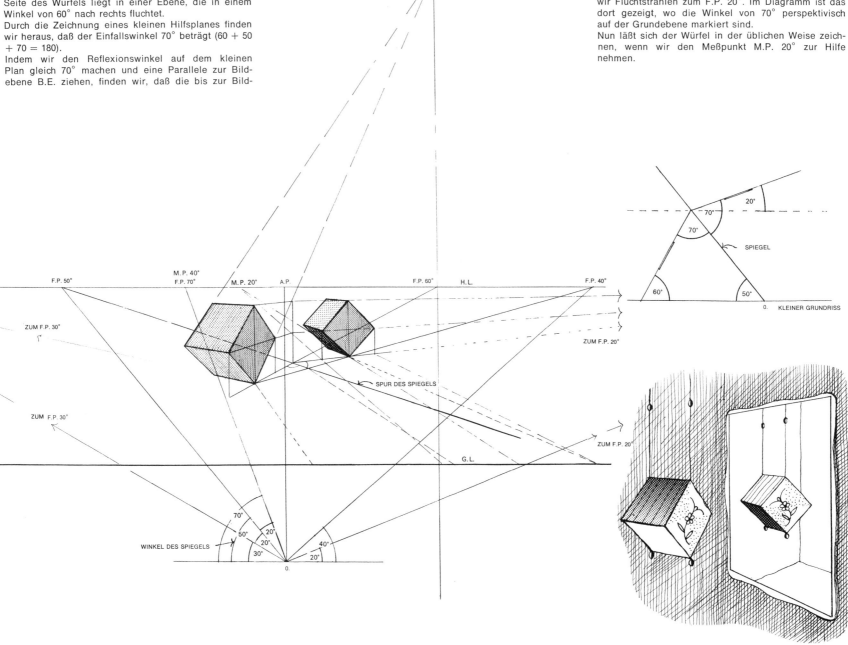

Durchsichtblatt

SPIEGELUNG EINES QUADRATS IN EINEM GENEIGTEN SPIEGEL

62. Augenhöhe = 157,5 cm, Entfernung von der Bildebene B.E. = 240 cm.

Der Spiegel ist in einem Winkel von 45° vorwärts geneigt, und seine Horizontalspur verläuft im Winkel von 45° nach rechts.

Die dem Betrachter zunächst liegende Ecke des Quadrats, das eine Kantenlänge von 120 cm aufweist, befindet sich 60 cm links von ihm und 60 cm jenseits der Bildebene B.E.

Das in einem Abstand von 67,5 cm vor dem Spiegel auf der Grundebene G.E. liegende Quadrat zeichnen wir in der üblichen Weise in Parallelperspektive.

Den Spiegel zeichnen wir in Schrägperspektive.

Wir fertigen außerdem einen Hilfsplan und einen Seitenriß an, um uns über die zu zeichnende Spiegelung klar zu werden, denn die eingetragenen Winkel und die markierte Seite des Quadrats machen uns ihre Lage deutlich.

Wenn wir auf dem Seitenriß die gestrichelte Linie bis zum Spiegel hochziehen und den Einfallswinkel gleich dem Reflexionswinkel sowie die Entfernungen untereinander gleich machen, erkennen wir, daß die Spiegelung des Quadrats in einer vertikalen Ebene liegen muß, da der Spiegel in einem Winkel von 45° ansteigt und 45° + 45° einen Winkel von 90° ergeben.

Im großen Diagramm lassen wir die Seiten des Quadrats in den linken Fluchtpunkt F.P. 45° laufen, wobei die Fluchtstrahlen die Spiegelkante schneiden. Vom absteigenden Fluchtpunkt des Spiegels D.F.P. 45° aus ziehen wir Linien durch diese Schnittpunkte und erzielen so Winkel von 45° mit der Grundebene und der Spiegelkante.

Da die Spiegelung des Quadrats in einer vertikalen Ebene liegt, ist es einfach, in der üblichen Weise mit der Zeichnung fortzufahren, wobei wir für den Moment vergessen wollen, daß ein Spiegel dahängt.

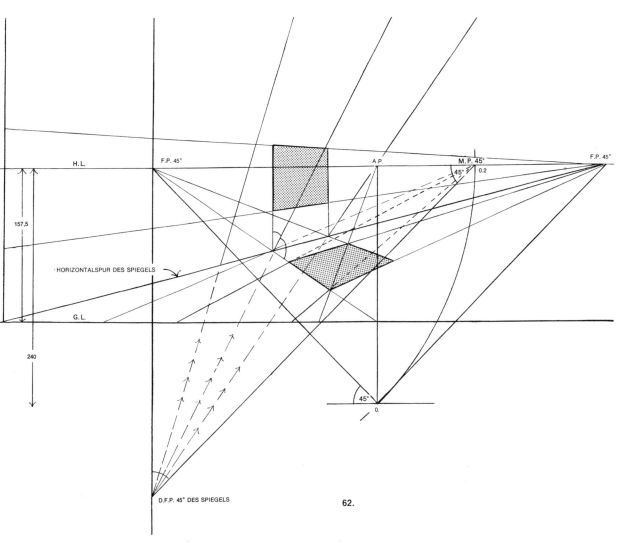

62.

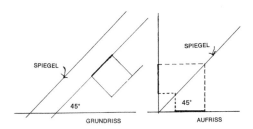

Durchsichtblatt

SPIEGELUNG EINER PYRAMIDE

63. Diese 60 cm hohe Pyramide hat das umseitig gezeichnete Quadrat zur Basis, wie in der Durchsicht gut zu erkennen ist.

Die Höhe der Pyramide wird auf einer Linie errichtet, die durch den Mittelpunkt des Quadrats hochgezogen wird. Danach werden die Ecken damit verbunden.

Eine durch den Mittelpunkt des Quadrats zum horizontalen Fluchtpunkt F.P. 45° gezogene Linie ergibt den Berührungspunkt mit dem Spiegel.

Die im Diagramm pfeilmarkierte Linie wird vom absteigenden Fluchtpunkt D.F.P. 45° durch diesen Punkt gezogen und weiter verlängert.

Eine durch die Pyramide hochgeführte Senkrechte trifft den Spiegel in Punkt H auf der pfeilmarkierten Linie. Die aus diesem Punkt zum horizontalen Fluchtpunkt F.P. 45° führende Gerade ergibt die korrespondierende Linie, auf der die Spiegelung der Pyramidenspitze liegt.

Entfernungen entlang dieser Linie lassen sich mit Hilfe von Vertikalen abtragen, die von der Grundebene hochgezogen werden, denn diese Linie ist horizontal wie die Grundebene. Die Entfernungen werden benötigt, um die Spitze der Pyramide und ihren Abstand jenseits der Spiegeloberfläche zu finden.

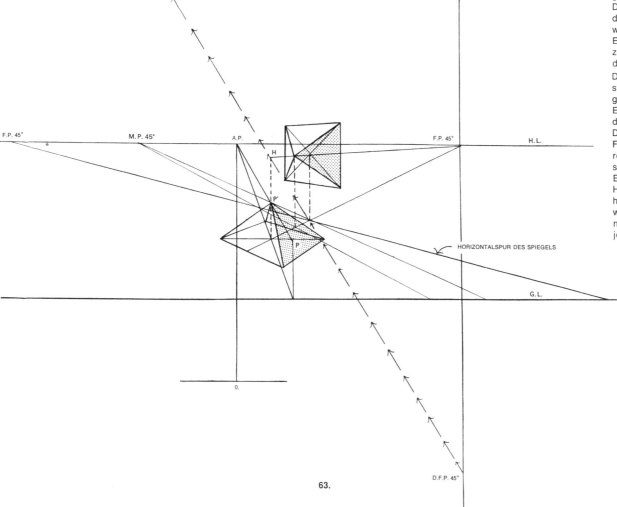

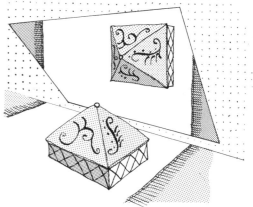

SPIEGELUNG IN EINEM VORWÄRTS GENEIGTEN SPIEGEL

64. Augenhöhe = 32,5 cm, Entfernung von der Bildebene B.E. = 57,5 cm.

Der vorwärts geneigte Spiegel bildet mit der Grundebene G.E. einen Winkel von 25°, wobei er in einem Winkel von 60° nach links fluchtet.

Die Kastenseite AB ist 30 cm lang. AB läuft in den rechten Fluchtpunkt F.P. 30° und liegt 40 cm vor dem Spiegel sowie parallel zu ihm.

Der Einfallswinkel und der Reflexionswinkel betragen zusammen 50°, daher läuft das Spiegelbild des Kastens in den absteigenden Fluchtpunkt D.F.P. 50°. Die Längen des Kastens werden vom absteigenden Meßpunkt D.M.P. 50° aus gemessen, wobei wir die Bildlinie benutzen, die auf der Grundlinie im Punkt Q errichtet wird. Der Punkt Q ist der Schnittpunkt des verlängerten Strahles vom Fluchtpunkt F.P. 30° durch B und A mit der Grundlinie G.L.

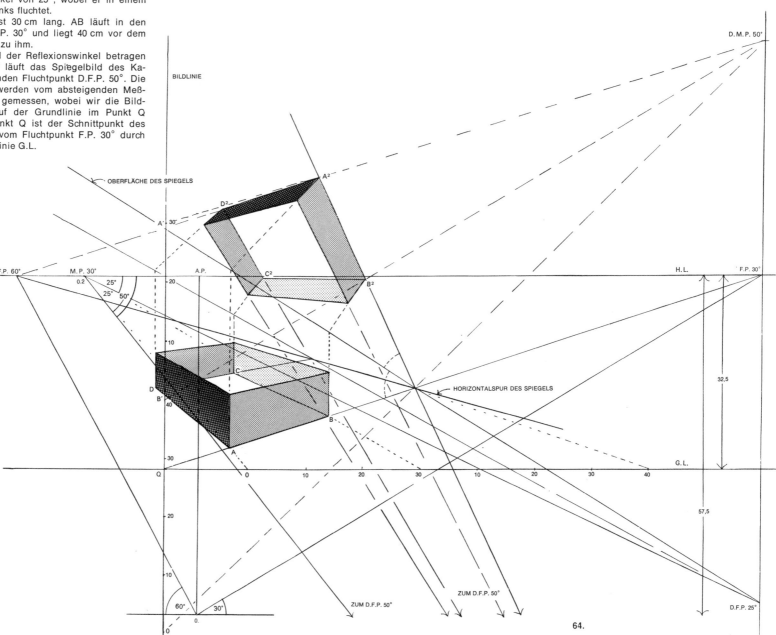

64.

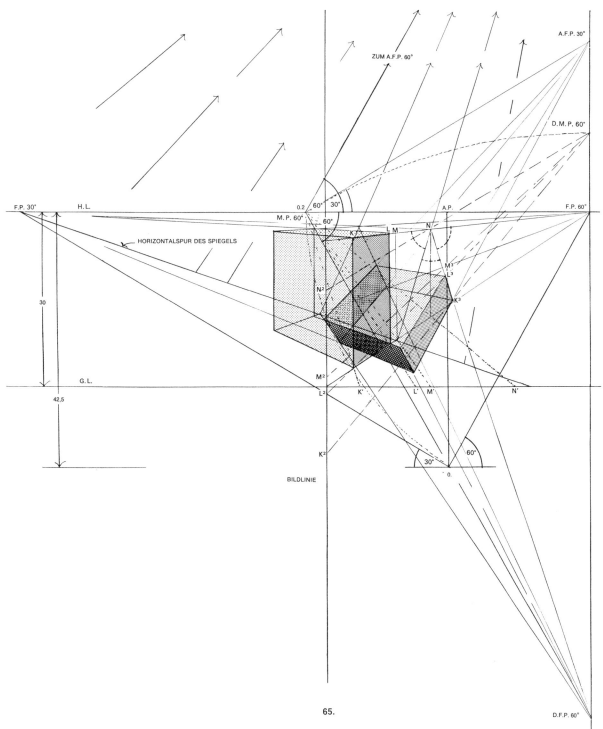

SPIEGELUNG IN EINEM RÜCKWÄRTS GENEIGTEN SPIEGEL

65. Augenhöhe = 30 cm, Entfernung von der Bildebene B.E. = 42,5 cm.
Die Horizontalspur des Spiegels läuft in den linken Fluchtpunkt F.P. 30°, der Neigungswinkel beträgt 60°.
Um die ansteigenden und absteigenden Winkel zu messen, wird daher der Meßpunkt M.P. 60° als O.2 benutzt.
Die gespiegelte rechteckige Form wird verlängert, so daß sie an der Horizontalspur auf die Spiegelkante trifft. Zum Fluchtpunkt F.P. 60° werden Linien gezogen. Wo sie auf den Spiegel treffen, werden sie zum ansteigenden Fluchtpunkt A.F.P. hochgezogen.
Das obenliegende Rechteck wird in horizontaler Ebene verlängert, um die Berührung mit dem Spiegel an diesen ansteigenden Linien herzustellen.
Folgen wir z. B. der Linie KL, die den Spiegel in N berührt und dabei einen Winkel von 60° bildet.
Da der Einfallswinkel 60° beträgt und der Reflexionswinkel ebenso, muß der absteigende Winkel ebenfalls 60° betragen, denn 60° + 60° von 180° abgezogen ergibt 60°. Diesen Winkel tragen wir am Meßpunkt M.P. 60° ab und verlängern ihn zum absteigenden Fluchtpunkt D.F.P. 60°.
Eine Gerade aus N zu diesem D.F.P. gibt uns die Richtung, in der die Spiegelungen von K und L liegen werden.
Wir ziehen aus dem absteigenden Meßpunkt D.M.P. 60° eine Linie durch N bis zur vertikalen Bildlinie und erhalten so N^2. Nun tragen wir die Entfernungen N^2, M^2, L^2 und K^2 daran ab.
Diese Entfernungen wurden der Grundlinie entnommen. Die punktierten Linien zeigen die Vorwärtsverlängerung bis zur Grundlinie.
Die gestrichelten Linien aus $N^2M^2L^2K^2$ zum absteigenden Meßpunkt D.M.P. schneiden die Gerade von N zum absteigenden Fluchtpunkt D.F.P. in den Punkten M^3, L^3, K^3.
L^3K^3 ist die Spiegelung von LK, und damit ist uns die Möglichkeit gegeben, das Spiegelbild zu vollenden.